乡村振兴·农民教育培训系列教材

乡村振兴之农村精神文明建设

徐东英　李文娜　彭　云　主编

中国农业科学技术出版社

图书在版编目(CIP)数据

乡村振兴之农村精神文明建设 / 徐东英,李文娜,彭云主编. --北京：中国农业科学技术出版社，2023.8 (2024.11重印)
ISBN 978-7-5116-6353-5

Ⅰ.①乡… Ⅱ.①徐…②李…③彭… Ⅲ.①农村-社会主义建设-研究-中国②农村-精神文明建设-研究-中国 Ⅳ.①F320.3②D422.62

中国国家版本馆CIP数据核字(2023)第128437号

责任编辑	周　朋
责任校对	马广洋
责任印制	姜义伟　王思文

出 版 者	中国农业科学技术出版社
	北京市中关村南大街12号　　邮编：100081
电　　话	(010) 82106631 (编辑室)　　(010) 82109702 (发行部)
	(010) 82109709 (读者服务部)
网　　址	http://www.castp.cn
经 销 者	各地新华书店
印 刷 者	北京虎彩文化传播有限公司
开　　本	140 mm×203 mm　1/32
印　　张	6
字　　数	156千字
版　　次	2023年8月第1版　2024年11月第2次印刷
定　　价	27.00元

◆◆◆ 版权所有·翻印必究 ◆◆◆

编委会

《乡村振兴之农村精神文明建设》

主　　编	徐东英　李文娜　彭　云
副主编	李子平　王彦斌　冯　艳　刘晓红 闻鑫茹　杜晓东
编　　委	张慧敏　何秋婵　凌和良　李会芳 陈靓娟　季泽恩　王宝成　金　鑫 张梦驰　赵科然　丰　俊

前言

乡村振兴既要塑形，也要铸魂。文化振兴是乡村振兴的魂，振兴乡村文化是社会主义现代化精神文明建设的内在要求。同时，乡村振兴离不开文化的引领，文化振兴既能为乡村全面振兴提供哺育和支撑，也是推动乡村实现全面振兴的路径和抓手。

党的二十大报告提出，要"统筹推动文明培育、文明实践、文明创建，推进城乡精神文明建设融合发展"。习近平总书记高度重视农村精神文明建设工作，发表一系列重要论述，作出一系列重要指示批示，为做好新时代农村精神文明建设指明了方向，提供了根本遵循。

本书在乡村振兴战略实施背景下，围绕农村精神文明建设的内容展开介绍。主要章节包括乡村振兴战略、农村精神文明建设、农村思想道德建设、农村文化建设、农村文明素养建设、农村社会风气建设、农村制度规范建设、农村精神文明建设典型案例。本书具有实用性、可读性和指导性。

由于编写时间仓促，笔者水平有限，书中难免存在错误，欢迎广大读者批评指正！

编　者

2023 年 5 月

目录

第一章　乡村振兴战略 … 1
- 第一节　乡村振兴战略的背景和意义 … 1
- 第二节　乡村振兴战略的总体要求 … 6
- 第三节　乡村振兴战略的总体安排 … 10

第二章　农村精神文明建设 … 25
- 第一节　农村精神文明建设在乡村振兴中的重要性 … 25
- 第二节　农村精神文明建设的内容 … 25
- 第三节　农村精神文明建设的新部署 … 27

第三章　农村思想道德建设 … 29
- 第一节　自觉遵守社会公德 … 29
- 第二节　广泛践行社会主义核心价值观 … 31
- 第三节　推进农村道德建设 … 36

第四章　农村文化建设 … 45
- 第一节　实施农耕文化传承保护 … 45
- 第二节　举办乡村文化体育活动 … 54
- 第三节　开展乡村阅读文化建设 … 59
- 第四节　传承农村优秀传统文化 … 62

第五章　农村文明素养建设 … 70
- 第一节　高素质农民培育计划 … 70
- 第二节　乡村普法教育 … 81
- 第三节　农村人居环境整治 … 88

第六章　农村社会风气建设 … 104
- 第一节　涵育良好家风 … 104

第二节　培育文明乡风 ………………………………… 113
第三节　净化社会风气 ………………………………… 120

第七章　农村制度规范建设 …………………………… 130
第一节　加快乡村基层法治建设 ……………………… 130
第二节　完善村规民约 ………………………………… 139
第三节　规范民间信仰 ………………………………… 147

第八章　农村精神文明建设典型案例 …………………… 152
案例一　古庙村：聚文明力量　促乡村振兴 ………… 152
案例二　新建村：党群携手齐发力，文明乡风入人心 … 155
案例三　后八里沟村：孟子故里扬起文明新风 ……… 158
案例四　王家沟村：文明新风扑面来　春风化雨润
　　　　人心 …………………………………………… 160
案例五　武功镇聂村：实施八项举措　推进移风易俗 … 163
案例六　云头下村：破除陈规陋习　争创文明乡村 … 165
案例七　雅溪村：做好"四色"文章　推动文明
　　　　乡风建设 ……………………………………… 169
案例八　小山村：厚植乡风文明　铸魂乡村振兴 …… 171
案例九　合发村："红灰黑榜"指方向　文化活动
　　　　进农家 ………………………………………… 175
案例十　善港村：扬善风从善举　汇聚乡村振兴
　　　　正能量 ………………………………………… 177

参考文献 …………………………………………………… 181

第一章　乡村振兴战略

第一节　乡村振兴战略的背景和意义

乡村振兴战略是习近平总书记2017年10月18日在党的十九大报告中提出的战略。党的十九大报告指出，农业农村农民问题是关系国计民生的根本性问题，必须始终把解决好"三农"问题作为全党工作的重中之重，实施乡村振兴战略。党的二十大报告提出，全面推进乡村振兴。党的二十大决策部署为继续做好乡村振兴这篇大文章指明了方向、提供了遵循。

一、乡村振兴战略的背景

以习近平同志为核心的党中央提出"实施乡村振兴战略"这一部署，有其深刻的历史背景和现实依据。

（一）现实背景

改革开放以来，"三农"问题一直是党和国家的工作重点。自2004年起，中共中央一号文件连续20年聚焦"三农"问题。在党的十八大召开以后，以习近平同志为核心的中央领导集体，在很多重要场合与会议中提及农业部门，足以见得现阶段我国对于乡村农业的重视。习近平总书记更是把农民的利益当作最重要的事情，一直关心"三农"的问题，并且心系乡村农业事业的发展。

在党和国家的重视下,我国农业部门取得了很好的成绩。首先,改变了传统农业生产方式,引进了先进的农业技术,在提高了农产品质量的同时增加了农产品的产量,并且培育出在整个世界上都享有名气的具有代表性的农产品。其次,改变了以往单一的农产品结构,以农作物为主,以多样化的经济作物为辅,这一改变,也帮助农民提高了自身的收益。最后,在新农村的建设方面也取得了很大的成就,随着农业的发展,更加注重乡村精神文明建设,创建美丽乡村。

但是同时也要看到,受经济与观念两方面的影响,我国"三农"工作还存在着很多亟待解决的问题:首先是农业生产方式较落后,部分土地还没有得到正确的利用,农业与自然资源之间还存在矛盾,农产品的营销方式落后,农产品的运营机制也较为单一;其次是各个区域农村收入不平衡,存在较大差异,农村老人与儿童较多,缺少青年力量;最后是农村陈旧观念仍然存在,阻碍了新农村建设的发展。

中央在此背景下提出实施乡村振兴战略,实际上是在提醒:在现代化的进程中不能忽视农业、不能忘记农民、不能淡漠农村,必须下大力气提高"三农"发展水平。

(二) 理论背景

中华人民共和国成立以来,不管在哪个历史时期,党和国家从来都十分重视农业、农村、农民发展。我国的"三农"思想,也是经历了各届领导集体的不断丰富和完善,才慢慢形成和发展起来的。毛泽东同志在中华人民共和国成立以后,也深入地研究了"三农"。在《论十大关系》中,也强调了农业的重要性,并且指导农民走上农业合作化道路。邓小平同志也对农业进行研究,并且提出主张。邓小平同志肯定家庭联产承包责任制是农业的一个创新,符合原则,他带领中国走向中国特色农业现代化道路。江泽民同志提出要统筹城乡发展，为新农村建设提供制度保障，始终维护农民群众的利益。胡锦涛同志坚持用科学发展观来指引"三农"的发展方向，并且提出了"两个趋向"的重要论断。习近平同志高度重视农业农村农民工作，对做好"三农"工作提出了许多新思想、新理念、新论断。这些重要论述着眼我国经济社会发展大局，深刻阐明"三农"工作的战略地位、发展规律、形势任务、方法举措，为新时期农业农村改革发展提供了重要遵循。

二、乡村振兴战略的重要意义

（一）解决发展不平衡不充分矛盾的迫切要求

中国特色社会主义进入新时代，明确了我国发展新的历史方位。新时代，伴随社会主要矛盾的转化，对经济社会发展提出更高要求。新时代我国社会主要矛盾已经转化为人民日益增长的美好生活需要和不平衡不充分的发展之间的矛盾。改革开放以来，随着工业化的快速发展和城市化的深入推进，我国城乡出现分化，农村发展也出现分化，目前最大的不平衡是城乡之间发展的不平衡和农村内部发展的不平衡，最大的不充分是"三农"发展的不充分，包括农业现代化发展的不充分，社会主义新农村建设的不充分，农民群体提高教科文卫发展水平和共享现代社会发展成果的不充分等。从决胜全面建成小康社会，到基本实现社会主义现代化，再到建成社会主义现代化强国，解决这一新的社会主要矛盾需要实施乡村振兴战略。

（二）解决市场经济体系运行矛盾的重要抓手

改革开放以来，我国始终坚持市场经济改革方向，市场在资源配置中发挥越来越重要的作用，提高了社会稀缺资源配置效率，促进了生产力发展水平大幅提高，社会劳动分工越来越深、越来越细。随着市场经济深入发展，需要考虑市场体制运行所内含的生产过剩矛盾以及经济危机等问题，需要不断扩大稀缺资源配置的空间和范围。解决问题的途径是实行国际国内两手抓，除了把对外实行开放经济战略、推动形成对外开放新格局，包括以"一带一路"建设为重点加强创新能力开放合作，拓展对外贸易、培育贸易新业态新模式、推进贸易强国建设，实行高水平的贸易和投资自由化便利化政策，创新对外投资方式、促进国际产能合作，加快培育国际经济合作和竞争新优势等作为重要抓手外，也需要把对内实施乡村振兴战略作为重要抓手，形成各有侧重和相互补充的长期经济稳定发展战略格局。由于国际形势复杂多变，相比之下，实施乡村振兴战略更加安全可控、更有可能做好并且更有福利效果。

（三）解决农业现代化的重要内容

经过多年持续不断的努力，我国农业农村发展取得重大成就，现代农业建设取得重大进展，粮食和主要农产品供求关系发生重大变化，大规模的农业剩余劳动力转移进城，农民收入持续增长，脱贫攻坚取得决定性胜利，农村改革实现重大突破，农村各项建设全面推进，为实施乡村振兴战略提供了有利条件。与此同时，在实践中，由于历史原因，目前农业现代化发展、社会主义新农村建设和农民的教育科技文化发展存在很多突出问题迫切需要解决。面向未来，随着我国经济不断发展，城乡居民收入不断增长，广大市民和农民都对新时期农村的建设发展存在很多期待。把乡村振兴作为党和国家战略，统一思想，提高认识，明确目标，完善体制，搞好建设，加强领导和服务，不仅呼应了新时期全国城乡居民发展新期待，而且也将引领农业现代化发展和社会主义新农村建设以及农民教育科技文化进步。

(四) 健全现代社会治理格局的固本之策

社会治理的基础在基层,基础不牢、地动山摇。健全现代社会治理格局,推进国家治理体系和治理能力现代化,必须把抓基层、打基础作为固本之策。社会治理,薄弱环节在乡村。实施乡村振兴战略,加强农村基层基础工作,健全乡村治理体系,确保广大农民安居乐业、农村社会安定有序,有利于打造共建共治共享的现代社会治理格局,推进国家治理体系和治理能力现代化。

实施乡村振兴战略,加强乡村治理。要加强组织领导,各级党委和政府要充分认识加强和改进乡村治理的重要意义,把乡村治理工作摆在重要位置,纳入经济社会发展总体规划和乡村振兴战略规划,开展乡村治理试点示范,及时研究解决工作中遇到的重大问题。要建立协同推进机制。严格落实责任,加强部门联动,党委农村工作部门要发挥牵头抓总作用,强化统筹协调、具体指导和督促落实,对乡村治理工作情况开展督导,对乡村治理政策措施开展评估。要强化各项保障。各级党委和政府要加强乡村治理人才队伍建设,充实基层治理力量,指导驻村第一书记、驻村干部等围绕乡村治理主要任务开展工作,聚合各类人才资源,引导农村致富能手、外出务工经商人员、高校毕业生、退役军人等在乡村治理中发挥积极作用。加强乡村社会治安综合治理设施装备保障,落实乡村治理经费。要加强分类指导。各级党委和政府要结合本地实际,围绕加强和改进乡村治理的主要任务,分类确定落实举措。对于需要普遍执行和贯彻落实的政策措施,要加大工作力度,逐级压实责任,明确时间进度,尽快取得实效。对于需要继续探索的事项,要组织开展改革试点,勇于探索创新,及时总结一批可复制可推广的经验做法,加快在面上推广。对于鼓励提倡的做法,要有针对性地借鉴吸收,形成适合本地的乡村治理机制。要走中国特色社会主义乡村善治之路,建设充满活力、和谐有序的乡村社会，不断增强广大农民的获得感、幸福感、安全感。

（五）实现全体人民共同富裕的必然选择

党的二十大提出，要实现好、维护好、发展好最广大人民根本利益，紧紧抓住人民最关心最直接最现实的利益问题，坚持尽力而为、量力而行，深入群众、深入基层，采取更多惠民生、暖民心举措，着力解决好人民群众急难愁盼问题，健全基本公共服务体系，提高公共服务水平，增强均衡性和可及性，扎实推进共同富裕。乡村振兴，生活富裕是根本。实施乡村振兴战略，全面改善农村生产生活条件，促进社会公平正义，有利于增进农民福祉，让亿万农民走上共同富裕的道路。

第二节 乡村振兴战略的总体要求

一、指导思想

实施乡村振兴战略，必须要有科学先进的思想和理论作为指导。习近平新时代中国特色社会主义思想，是马克思主义中国化的最新成果，是立足时代之基、回答时代之问的科学理论，是被实践证明了的科学真理，是党和国家必须长期坚持的指导思想。习近平总书记关于"三农"工作的重要论述，是他在长期的农村工作实践和政治生涯中形成的，是基于中国"三农"实际的经验总结和理论概括，是习近平新时代中国特色社会主义思想的重要组成部分。

全面贯彻党的十九大精神实施乡村振兴战略，必须坚持以习近平新时代中国特色社会主义思想为指导，特别是以习近平总书记关于"三农"工作的重要论述为指导。要紧紧围绕统筹推进

"五位一体"总体布局和协调推进"四个全面"战略布局,加强党对"三农"工作的领导,坚持把解决好"三农"问题作为全党工作重中之重,坚持农业农村优先发展,坚持稳中求进的工作总基调,按照"产业兴旺、生态宜居、乡风文明、治理有效、生活富裕"的总要求,建立健全城乡融合发展体制机制和政策体系,统筹推进农村经济建设、政治建设、文化建设、社会建设、生态文明建设和党的建设,加快推进乡村治理体系和治理能力现代化,加快推进农业农村现代化,走中国特色社会主义乡村振兴道路,让农业成为有奔头的产业,让农民成为有吸引力的职业,让农村成为安居乐业的美丽家园。

二、基本原则

基本原则就是说话或行事所依据的基本法则。实施乡村振兴战略必须坚持基本原则,这是确保乡村振兴战略在实施过程中不跑偏、不走样、有效果的根本。

(一)坚持党管农村工作

党政军民学,东西南北中,党是领导一切的。中国共产党是中国特色社会主义事业的坚强领导核心,是最高政治领导力量,各个领域、各个方面都必须坚定自觉坚持党的领导。实现乡村振兴,关键在党。要毫不动摇地坚持和加强党对农村工作的领导,健全党管理农村工作的领导体制机制和党内法规,确保党在农村工作中始终总揽全局、协调各方,为乡村振兴提供坚强有力的政治保障。

(二)坚持农业农村优先发展

"三农"问题是关系国计民生的根本问题,它贯穿我国现代化建设和实现中华民族伟大复兴进程的始终,是全党工作的重中之重,坚持农业农村优先发展是根本体现。要把实现乡村振兴作为全党的共同意志、共同行动,做到认识统一、步调一致,在干部配备上优先考虑,在要素配置上优先满足,在资金投入上优先保障,在公共服务上优先安排,加快补齐农业农村短板。

(三)坚持农民主体地位

乡村要发展,根本要靠亿万农民。农民才是乡村振兴最主要的参与者。坚持农民主体地位,必须充分尊重农民意愿,切实发挥农民在乡村振兴中的主体作用,调动亿万农民的积极性、主动性、创造性,把维护农民群众根本利益、促进农民共同富裕作为出发点和落脚点,促进农民持续增收,不断提升农民的获得感、幸福感、安全感。

(四)坚持乡村全面振兴

乡村振兴是全面的振兴,包括农民、农业和农村,不是单方面的振兴,不是解决某一具体问题。要准确把握乡村振兴的科学内涵,挖掘乡村多种功能和价值,统筹谋划农村经济建设、政治建设、文化建设、社会建设、生态文明建设和党的建设,注重协同性、关联性,整体部署,协调推进。

(五)坚持城乡融合发展

城和乡是相对的、互补的,各有应有的功能,城离不开乡,乡也离不开城。城乡融合发展,是实现乡村振兴的基本路径。坚持城乡融合发展,必须破除城乡之间的体制机制弊端,使市场在资源配置中起决定性作用,更好地发挥政府作用,推动城乡要素自由流动、平等交换,推动新型工业化、信息化、城镇化、农业现代化同步发展,加快形成工农互促、城乡互补、全面融合、共同繁荣的新型工农城乡关系。

(六)坚持人与自然和谐共生

自然是生命之母,人与自然是生命共同体,乡村是具有自然、社会、经济特征的地域综合体,兼具生态、文化等多重功能。乡村振兴离不开良好的生态环境，要牢固树立和践行绿水青山就是金山银山的理念，落实节约优先、保护优先、以自然恢复为主的方针，统筹山水林田湖草系统治理，严守生态保护红线，以绿色发展引领乡村振兴。

(七) 坚持改革创新、激发活力

不断深化农村改革，扩大农业对外开放，激活主体、激活要素、激活市场，调动各方力量投身乡村振兴。以科技创新引领和支撑乡村振兴，以人才会聚推动和保障乡村振兴，增强农业农村自我发展动力。

(八) 坚持因地制宜、循序渐进

我国农村地域广阔、类型复杂，实施乡村振兴战略，一定要走符合农村实际的路子，遵循乡村发展规律，因地制宜、因势利导，保留乡村特色风貌。乡村振兴是一个长期的过程，必须一步一个脚印，踏踏实实、循序渐进。科学把握乡村的差异性和发展走势分化特征，做好顶层设计，注重规划先行、因势利导，分类施策、突出重点，体现特色、丰富多彩。既尽力而为，又量力而行，不搞层层加码，不搞一刀切，不搞形式主义和形象工程，久久为功，扎实推进。

三、目标任务

实施乡村振兴战略有明确的目标任务和时间表。按照党的十九大提出的决胜全面建成小康社会、分两个阶段实现第二个百年奋斗目标的战略安排，实施乡村振兴战略进一步做了近期和远景的谋划。

(一) 近期目标

到2020年，乡村振兴的制度框架和政策体系基本形成，各地区各部门乡村振兴的思路举措得以确立，全面建成小康社会的目标如期实现。到 2022 年,乡村振兴的制度框架和政策体系初步健全。国家粮食安全保障水平进一步提高,现代农业体系初步构建,农业绿色发展全面推进;农村一二三产业融合发展格局初步形成,乡村产业加快发展,农民收入水平进一步提高,脱贫攻坚成果得到进一步巩固;农村基础设施条件持续改善,城乡统一的社会保障制度体系基本建立;农村人居环境显著改善,生态宜居的美丽乡村建设扎实推进;城乡融合发展体制机制初步建立。农村基本公共服务水平进一步提升;乡村优秀传统文化得以传承和发展,农民精神文化生活需求基本得到满足;以党组织为核心的农村基层组织建设明显加强,乡村治理能力进一步提升。现代乡村治理体系初步构建。探索形成一批各具特色的乡村振兴模式和经验。乡村振兴取得阶段性成果。

(二)远景谋划

到 2035 年,乡村振兴取得决定性进展,农业农村现代化基本实现。农业结构得到根本性改善,农民就业质量显著提高,相对贫困进一步缓解,共同富裕迈出坚实步伐;城乡基本公共服务均等化基本实现,城乡融合发展体制机制更加完善;乡风文明达到新高度,乡村治理体系更加完善;农村生态环境根本好转,生态宜居的美丽乡村基本实现。

到 2050 年,乡村全面振兴,农业强、农村美、农民富全面实现。

第三节 乡村振兴战略的总体安排

乡村振兴战略的总体安排包括总目标、总方针、总要求和制度保障。

一、乡村振兴战略的总目标

乡村振兴战略的总目标是农业农村现代化。新时代"三农"工作必须围绕农业农村现代化这个总目标来推进。

(一) 实现农业现代化

农业是全面建成小康社会、实现现代化的基础,是稳民心、安天下的战略产业。农业的根本出路在于现代化,农业现代化是我国现代化的基础和支撑,也是我国农业发展的方向。

实现农业现代化,是我国农业发展的重要目标。当前,我国农业主要矛盾已经由总量不足转变为结构性矛盾,主要表现为阶段性、结构性的供过于求和供给不足并存。推动农业现代化,就是要坚持质量兴农、品牌强农,深化农业供给侧结构性改革,推动农业发展质量变革、效率变革、动力变革,加快实现由农业大国向农业强国转变。到2035年,农业结构得到根本性改善;到2050年,"农业强"目标实现,农业全面升级,成为有奔头的产业。

实现农业现代化,需要加快构建现代农业产业体系、生产体系、经营体系。现代农业产业体系是产业横向拓展和纵向延伸的有机统一,重点解决农业资源要素配置和农产品供给效率问题,是现代农业整体素质和竞争力的显著标志。构建现代农业产业体系,就是通过优化调整农业结构,充分发挥各地资源比较优势,促进粮经饲统筹、农牧渔结合、种养加一体、一二三产业融合发展,延长产业链、提升价值链,提高农业的经济效益、生态效益和社会效益,促进农业产业转型升级。现代农业生产体系是先进生产手段和生产技术的有机结合,重点解决农业的发展动力和生产效率问题,是现代农业生产力发展水平的显著标志。构建现代农业生产体系,就是用现代物质装备武装农业,用现代科学技术服务农业，用现代生产方式改造农业，转变农业要素投入方式，推进农业发展从拼资源、高消耗转到依靠科技创新和提高劳动者素质上来，提高农业资源利用率、土地产出率和劳动生产率，增强农业综合生产能力和抗风险能力，从根本上改变农业发展依靠人力畜力、"靠天吃饭"的局面。现代农业经营体系是现代农业经营主体、组织方式、服务模式的有机组合，重点是解决"谁来种地"和经营效益问题，是现代农业组织化程度的显著标志。构建现代农业经营体系，就是加大体制机制创新力度，培育规模化经营主体和服务主体，加快构建职业农民队伍，形成一支高素质农业生产经营者队伍，促进不同主体之间的联合与合作，发展多种形式的适度规模经营，提高农业经营集约化、组织化、规模化、社会化、产业化水平。

(二) 建设现代化农村

农村现代化既包括"物"的现代化，也包括"人"的现代化，还包括乡村治理体系和治理能力的现代化。要坚持农业现代化和农村现代化一体设计、一并推进，实现农业大国向农业强国跨越。

农业现代化和农村现代化是一个整体，必须统筹推进农业现代化和农村现代化。农业现代化是农村现代化的基础，为农村现代化提供产业基础和物质保障；农村现代化是农业现代化的依托，是集聚劳动力、土地、资金等实现农业现代化所必需要素的空间载体。仅有农业现代化水平的提升，缺乏农村现代化的支撑，或者农村现代化严重滞后于农业现代化，都容易导致大量农民被迫离开土地和家乡无序涌入城市，乡村和乡村经济走向凋敝，工业化和城镇化走入困境，产生城市贫民窟和两极分化等社会问题，甚至造成社会动荡。

建设现代化农村，就是按照抓重点、补短板、强弱项的要求,推进乡村绿色发展、打造人与自然和谐共生发展新格局,繁荣兴盛农村文化、焕发乡风文明新气象,加强农村基层基础工作、构建乡村治理新体系,提高农村民生保障水平、塑造美丽乡村新风貌,让农村既充满活力又和谐有序,不断满足广大农民群众日益增长的美好生活需要。到2035年,城乡基本公共服务均等化基本实现,乡风文明达到新高度,乡村治理体系更加完善,农村生态环境根本好转,美丽宜居乡村基本实现。到2050年,"农村美"目标实现,农村全面进步,成为安居乐业的美丽家园。

(三) 培育高素质农民

现代农业要有高素质的农民队伍、高素质的农业种养人才和经营管理人才,这是现代农业的前提和基础,也是发展现代农业的关键和要求。随着工业化、城镇化的快速发展,越来越多的农村劳动力特别是青壮年劳动力转移到农业农村以外就业,农村劳动力老龄化、受教育程度低的现象愈发明显。

培育高素质农民,需要以促进现代农业高质量发展为导向,以提升农民理念知识技能需求为核心,以提高培育质量效能为关键,瞄准经营管理型、专业生产型和技能服务型等三大类型,加快形成和完善促进高素质农民全面发展的政策体系,推进农民培训提质增效、促进高素质农民学历提升、拓展高素质农民发展路径,加快培养有文化、懂技术、善经营、会管理的高素质农民,让他们能够获得稳定的、不断增长的收入,得到平等的社会保障,赢得应有的尊严和尊重。到2035年,农民就业质量显著提高,相对贫困进一步缓解,共同富裕迈出坚实步伐;到2050年,"农民富"目标实现,农民全面发展,成为有吸引力的职业。

二、乡村振兴战略的总方针

乡村振兴战略的总方针是坚持农业农村优先发展。坚持农业农村优先发展，是党中央从解决城乡发展不平衡、乡村发展不充分矛盾出发提出的重大方针，体现了党中央对工农城乡关系深刻变化的科学把握，彰显了农业农村的战略定位。

（一）在干部配备上优先考虑

实施乡村振兴战略，迫切需要造就一支懂农业、爱农村、爱农民的农村工作队伍。党管农村，是做好"三农"工作的重要政治优势。坚持农业农村优先发展，必须全面加强党对"三农"工作的集中统一领导，特别是在干部配备上优先考虑"三农"事业需要。这就要求各级党委和政府主要领导干部要懂"三农"工作、会抓"三农"工作，分管领导要真正成为"三农"工作的行家里手，通过选优配强"三农"干部队伍，造就一支懂农业、爱农村、爱农民的农村工作队伍。打硬仗要有过硬的干部队伍，要优先把优秀干部充实到"三农"战线，优先把精锐力量充实到基层，优先把熟悉"三农"工作的干部充实到地方各级党政班子，建立健全"三农"工作干部队伍培养、配备、管理、使用机制，打造一支能打硬仗、敢打硬仗的"三农"干部队伍。

（二）在要素配置上优先满足

当前，城乡要素合理流动的体制机制尚未完全建立，渠道尚未完全打通，要素不平等交换问题较为突出，农村人才、资金和土地还在大量流入城市，城市虹吸效应进一步扩大，农业农村"失血""贫血"问题仍很严重。坚持农业农村优先发展，必须强化要素配置制度供给和政策设计，破除阻碍要素自由流动、平等交换的体制机制壁垒，改变资源要素向城市单向流动格局，构建城乡互补、全面融合、共享共赢的互利互惠机制，让土地、人才、资金、技术、科技等各类发展要素更多流向农业农村,释放农村的巨大发展潜力。

现阶段,只有引导和支持各类发展要素向农业农村流动,才能释放农村的巨大发展潜力,激活"三农"这片蓝海。针对农村的地"自己用不上、用不好"的困局,在坚守耕地红线、生态红线的前提下,完善农村土地利用管理政策,盘活存量,用好流量,辅以增量,激活农村土地资源资产,破解乡村发展用地难题。针对当前农村人才匮乏等问题,实行更加积极、更加开放、更加有效的人才政策,推动乡村人才振兴,让各类人才在乡村大施所能、大展才华、大显身手。针对农业科技创新能力不强、创新机制不完善的问题,加快农业科技进步,提高农业科技自主创新水平、成果转化水平,为农业发展拓展新空间、增添新动能。改革是发展的不竭动力,实践证明,深化农村改革是激发农业农村发展活力的重要推动力。

(三) 在资金投入上优先保障

乡村振兴是党和国家的大战略,要加大真金白银的投入。将优先发展真正落到实处,补上我国农业农村发展多年的欠账,急需强化乡村振兴投入保障。

在财政投入方面,建立健全实施乡村振兴战略财政投入保障制度,公共财政更大力度向"三农"倾斜,确保财政投入持续增长。在拓宽资金筹集渠道方面,调整完善土地出让收入使用范围,进一步提高农业农村投入比例。在提高金融服务水平方面,坚持农村金融改革发展的正确方向,健全适合农业农村特点的农村金融体系,推动农村金融机构回归本源,把更多金融资源配置到农村经济社会发展的重点领域和薄弱环节,更好满足乡村振兴多样化金融需求。

(四) 在公共服务上优先安排

城乡差距大，主要表现在城乡基础设施建设和公共服务水平存在较大差距。这既是农业农村发展必须优先补齐的突出短板，也是农村民生的主要痛点，直接影响广大农民群众的获得感、幸福感、安全感。

坚持农业农村优先发展，就是把公共基础设施建设的重点放在农村，推动公共服务资源更多向农村倾斜，持续改善水、电、路、气、网络、物流等基础条件，逐步实现城乡基础设施共建共享、互联互通，全面提升农村教育、医疗卫生、养老社保、文化体育等公共服务水平，努力推进城乡基本公共服务标准统一、制度并轨，实现形式上的普惠向实质上的公平转变，让农民在农村享受到优质的公共服务资源，过上与城里人一样的日子。

三、乡村振兴战略的总要求

乡村振兴战略的总要求是以产业兴旺为重点、生态宜居为关键、乡风文明为保障、治理有效为基础、生活富裕为根本。

（一）以产业兴旺为重点

产业兴旺是乡村振兴的重点。新时代推动农业农村发展核心是实现农村产业发展。农村产业发展是农村实现可持续发展的内在要求。从中国农村产业发展历程来看，过去一段时期内主要强调生产发展，而且主要是强调农业生产发展，其主要目标是解决农民的温饱问题，进而推动农民生活向小康迈进。从生产发展到产业兴旺，这一提法的转变，意味着新时代党的农业农村政策体系更加聚焦和务实，主要目标是实现农业农村现代化。产业兴旺要求从过去单纯追求产量向追求质量转变、从粗放型经营向精细型经营转变、从不可持续发展向可持续发展转变、从低端供给向高端供给转变。城乡融合发展的关键步骤是农村产业融合发展。

产业兴旺不仅要实现农业发展，还要丰富农村发展业态，促进农村一二三产业融合发展，更加突出以推进供给侧结构性改革为主线，提升供给质量和效益，推动农业农村发展提质增效，更好地实现农业增产、农村增值、农民增收，打破农村与城市之间的壁垒。农民生活富裕前提是产业兴旺，而农民富裕、产业兴旺又是乡风文明和有效治理的基础，只有产业兴旺、农民富裕、乡风文明、治理有效有机统一起来才能真正提高生态宜居水平。党的十九大将产业兴旺作为实施乡村振兴战略的第一要求。党的二十大指出，要发展乡村特色产业，拓宽农民增收致富渠道。这都充分说明了农村产业发展的重要性。当前，我国农村产业发展还面临区域特色和整体优势不足、产业布局缺少整体规划、产业结构较为单一、产业市场竞争力不强、效益增长空间较为狭小与发展的稳定性较差等问题，实施乡村振兴战略必须要紧紧抓住产业兴旺这个核心，作为优先方向和实践突破点，真正打通农村产业发展的"最后一公里"，为农业农村实现现代化奠定坚实的物质基础。

（二）以生态宜居为关键

生态宜居是乡村振兴的关键。习近平同志在党的二十大报告中指出，要统筹乡村基础设施和公共服务布局，建设宜居宜业和美乡村。乡村振兴战略提出要建设生态宜居的美丽乡村，突出了新时代重视生态文明建设与人民日益增长的美好生活需要的内在联系。乡村生态宜居不再是简单强调单一化生产场域内的"村容整洁"，而是对"生产、生活、生态"为一体的内生性低碳经济发展方式的乡村探索。生态宜居的内核是倡导绿色发展，是以低碳、可持续为核心，是对"生产场域、生活家园、生态环境"为一体的复合型"村镇化"道路的实践打造和路径示范。绿水青山就是金山银山。乡村产业兴旺本身就蕴含着生态底色，通过建设生态宜居家园实现物质财富创造与生态文明建设互融互通，走出一条中国特色的乡村绿色可持续发展道路，在此基础上真正实现更高品质的生活富裕。同时，生态文明也是乡风文明的重要组成部分，乡风文明内涵则是对生态文明建设的基本要求。此外，实现乡村生态的良好治理是实现乡村有效治理的重要内容，治理有效必然包含着有效的乡村生态治理体制机制。从这个意义而言，打造生态宜居的美丽乡村必须要把乡村生态文明建设作为关键性工程扎实推进，让美丽乡村看得见未来，留得住乡愁。

（三）以乡风文明为保障

乡风文明是乡村振兴的保障。文明中国根在文明乡风，文明中国要靠乡风文明。乡村振兴想要实现新发展，彰显新气象，传承和培育文明乡风是关键。乡土社会是中华优秀传统文化的主要阵地，传承和弘扬中华优秀传统文化必须要注重培育和传承文明乡风。乡风文明是乡村文化建设和乡村精神文明建设的基本目标，培育文明乡风是乡村文化建设和乡村精神文明建设的主要内容。乡风文明的基础是重视家庭建设、家庭教育和家风家训培育。家庭和睦则社会安定，家庭幸福则社会祥和，家庭文明则社会文明；良好的家庭教育能够授知识、育品德、提高精神境界、培育文明风尚；优良的家风家训能够弘扬真善美、抑制假恶丑，营造崇德向善、见贤思齐的社会氛围。积极倡导和践行文明乡风能够有效净化和涵养社会风气，培育乡村德治土壤，推动乡村有效治理；能够推动乡村生态文明建设，建设生态宜居家园；能够凝人心、聚人气，营造干事创业的社会氛围，助力乡村产业发展；能够丰富农民群众文化生活，汇聚精神财富，实现精神生活上的富裕。实现乡风文明要大力实施农村优秀传统文化保护工程，深入研究阐释农村优秀传统文化的历史渊源、发展脉络、基本走向；要健全和完善家教家风家训建设工作机制，挖掘民间蕴藏的丰富家风家训资源，让好家风好家训内化为农民群众的行动遵循；要建立传承弘扬优良家风家训的长效机制，积极推动家风家训进校园、进课堂活动，编写优良家风家训通识读本，积极创作反映优良家风家训的优秀文艺作品，真正把文明乡风建设落到实处，落到细处。

（四）以治理有效为基础

治理有效是乡村振兴的基础。实现乡村有效治理是推动农村稳定发展的基础。乡村治理有效才能真正为产业兴旺、生态宜居、乡风文明和生活富裕提供秩序支持，乡村振兴才能有序推进。新时代乡村治理的明显特征是强调国家与社会之间的有效整合，盘活乡村治理的存量资源，用好乡村治理的增量资源，以有效性作为乡村治理的基本价值导向，平衡村民自治实施以来乡村社会面临的冲突和分化。也就是说，围绕实现有效治理这个最大目标，乡村治理技术手段可以更加多元、开放和包容。只要有益于推动实现乡村有效治理的资源都可以充分地整合利用，而不再简单强调乡村治理技术手段问题，而忽视对治理绩效的追求和乡村社会的秩序均衡。党的十九大报告提出，要健全自治、法治、德治相结合的乡村治理体系。这不仅是实现乡村治理有效的内在要求，也是实施乡村振兴战略的重要组成部分。这充分体现了乡村治理过程中国家与社会之间的有效整合，既要盘活村民自治实施以来乡村积淀的现代治理资源，又要毫不动摇地坚持依法治村的底线思维，还要用好乡村社会历久不衰、传承至今的治理密钥，推动形成相辅相成、互为补充、多元并蓄的乡村治理格局。从民主管理到治理有效，这一定位的转变，既是国家治理体系和治理能力现代化的客观要求，也是实施乡村振兴战略，推动农业农村现代化进程的内在要求。而乡村治理有效的关键是健全和完善自治、法治、德治的耦合机制，让乡村自治、法治与德治深度融合、高效契合。例如，积极探索和创新乡村社会制度内嵌机制，将村民自治制度、国家法律法规内嵌入村规民约、乡风民俗中去，通过乡村自治、法治和德治的有效耦合，推动乡村社会实现有效治理。

（五）以生活富裕为根本

生活富裕是乡村振兴的根本。生活富裕的本质要求是共同富裕。改革开放40多年来，经过全党全国各族人民持续奋斗，我国实现了第一个百年奋斗目标，在中华大地上全面建成了小康社会，历史性地解决了绝对贫困问题。尽管农村经济社会发生了历史性巨变，农民的温饱问题得到解决，但是，广大农村地区发展不平衡不充分的问题日益凸显，积极回应农民对美好生活的诉求必须要直面和解决这一问题。生活富裕不富裕，对于农民而言有着切身感受。长期以来，农村地区发展不平衡不充分的问题无形之中让农民感受到了一种"被剥夺感"，农民的获得感和幸福感也随之呈现出"边际现象"，也就是说，简单地靠存量增长已经不能有效提升农民的获得感和幸福感。生活富裕相较于生活宽裕而言，虽只有一字之差，但其内涵和要求却发生了非常大的变化。生活宽裕的目标指向主要是解决农民的温饱问题，进而使农民的生活水平基本达到小康，而实现农民生活宽裕主要依靠的是农村存量发展。生活富裕的目标指向则是农民的现代化问题，是要切实提高农民的获得感和幸福感，消除农民的"被剥夺感"，而这也使生活富裕具有共同富裕的内在特征。如何实现农民生活富裕？显然，靠农村存量发展已不具有可能性。有效激活农村增量发展空间是解决农民生活富裕的关键。而乡村振兴战略提出的产业兴旺则为农村增量发展指明了方向。

四、乡村振兴战略的制度保障

乡村振兴战略的制度保障是建立健全城乡融合发展体制机制和政策体系。在现代化进程中，能否处理好工农关系、城乡关系，在一定程度上决定着现代化的成败。推进乡村全面振兴，核心是重塑工农城乡关系，扭转长期以来"重工轻农、重城轻乡"的思维定式，打破城乡二元分割的体制藩篱，实现以工促农、以城带乡。建立向农村倾斜的城乡融合发展体制机制就是以改革为动力，以协调推进乡村振兴战略和新型城镇化战略为抓手，以缩小城乡发展差距和居民生活水平差距为目标，以完善产权制度和要素市场化配置为重点，坚决破除体制机制弊端，促进城乡要素自由流动、平等交换和公共资源合理配置，加快形成工农互促、城乡互补、全面融合、共同繁荣的新型工农城乡关系。

（一）推动城乡要素合理配置

建立健全有利于城乡人才、土地、资本等要素合理配置的体制机制，既是提高经济效率、提升全员劳动生产率、降低交易成本的关键制度，又是提高社会运行效率、降低社会成本的重要制度。当前，城乡要素流动仍然存在障碍，城乡二元的户籍壁垒没有根本消除，城乡统一的建设用地市场尚未建立，城乡金融资源配置严重失衡，导致人才、土地、资金等要素更多地流向城市，农村发展缺乏要素支撑。必须破除妨碍城乡要素自由流动和平等交换的体制机制壁垒，促进各类要素更多向乡村流动，在乡村形成人才、土地、资金、产业、信息汇聚的良性循环，为乡村振兴注入新动能。

推动城乡要素合理配置，重点是从农业转移人口市民化、城市人才入乡、农村承包地制度、农村宅基地制度、集体经营性建设用地入市制度、财政投入保障、乡村金融服务、工商资本入乡、科技成果入乡转化等方面着手，建立健全相关体制机制，打开城乡要素自由流动和平等交换的渠道。

（二）推动城乡基本公共服务普惠共享

近年来，城乡一体的义务教育经费保障机制、居民基本养老保险、基本医疗保险、大病保险制度逐步建立，城乡基本公共服务朝着制度接轨、质量均衡、水平均等的方向迈出了一大步。针对农村公共服务欠账仍然较多这一乡村发展的突出问题，实现城乡融合发展必须加快补上这个短板。这就要求围绕教育资源、医疗卫生、公共文化、社会保障等核心内容，健全全民覆盖、普惠共享、城乡一体的基本公共服务体系，推进城乡基本公共服务的标准统一、制度并轨。

推动城乡基本公共服务普惠共享，关键是建立城乡教育资源均衡配置机制，实现优质教育资源在城乡间共享；健全乡村医疗卫生服务体系，促进优质医疗资源在城乡间共享；健全城乡公共文化服务体系，推动服务项目与居民需求有效对接，促进公共文化服务社会化发展；完善城乡统一的社会保险制度和居民基本医疗保险、大病保险、基本养老保险制度；统筹城乡社会救助体系，推进低保制度的城乡统筹。

（三）推动城乡基础设施一体化发展

近年来，我国城乡一体化基础设施建设取得显著成效，城乡基础设施统筹规划和多元投入机制正在探索并逐步完善，城市、小城镇和乡村基础设施的互联互通程度正在提高，农民生产生活条件得到很大改善，但与城市相比仍然相当落后。把公共基础设施建设的重点放在乡村，改变乡村基础设施滞后现象，必须坚持先建机制、后建工程，推动乡村基础设施提档升级，加快实现城乡基础设施的统一规划、统一建设、统一管护。

建立城乡基础设施一体化规划的机制。这是基础设施统一发展的前提。以县或市为整体，统筹规划城乡的道路、供水、供电、信息基础设施、广播电视、防洪、垃圾污水等基础设施建设，重点推动城乡路网的一体规划设计，畅通城乡交通运输连接，加快实现县乡村（户）道路连通、城乡道路客运一体化。

健全城乡基础设施一体化的建设机制。明确乡村基础设施公共产品的定位，构建事权清晰、权责一致、中央支持、省级统筹、市县负责的机制。

建立城乡基础设施一体化管护机制。由于乡村分散化的特点，基础设施建成以后的长期运营和养护成本相对比较高，这也是长期以来工作的一个难点。解决这个问题应运用市场化手段，明确乡村基础设施的产权归属，由产权所有者建立管护制度，合理确定城乡基础设施统一管护运行模式。

（四）推动城乡经济互补发展

要把工业和农业、城市和乡村作为一个整体统筹谋划，促进城乡在规划布局、要素配置、产业发展、公共服务、生态保护等方面相互融合和共同发展。乡村经济的发展方向，是以现代农业为基础，以农村一二三产业融合发展为主体、休闲农业和乡村旅游等新产业新业态为重要补充。当前，我国城乡产业发展水平差异较大，在不少地区，城市里是发展迅速的先进制造业和现代服务业，但乡村仍以传统农业为主。要围绕发展现代农业、培育新产业新业态，完善农企利益紧密联结机制，实现乡村经济的多元化和农业全产业链发展。实现这一目标，城乡之间要产业协同，核心是要用城市的科技，特别是与农业相关的科学技术来改造乡村的传统农业，用城市的工业来延长农业的产业链条，用城市的互联网产业等服务业来丰富农村的产业业态。

推动城乡经济互补发展，重点是完善农业支持保护制度，建立新产业新业态培育机制；探索生态产品价值实现机制，建立政府主导、企业和社会各界参与、市场化运作、可持续的城乡生态产品价值实现机制；建立乡村文化保护利用机制，立足乡村文明，吸取城市文明及外来文化优秀成果，推动乡村优秀传统文化创造性转化、创新性发展；搭建城乡产业协同发展平台，推动城乡要素跨界配置和产业有机融合；健全城乡统筹的规划制度，统筹推进产业发展和基础设施、公共服务等建设。

（五）推动城乡居民收入均衡增长

"三农"问题的核心是农民问题，农民问题的核心是收入问题。虽然城乡居民收入比不断缩小，但农民持续增收依然面临着较大的挑战。完善农民增收长效机制，确保农民收入保持稳定增长势头，要落实以人民为中心的发展思想，稳定现有渠道，拓宽增收途径，促进农民收入持续增长，持续缩小城乡居民生活水平差距。

推动城乡居民收入均衡增长，关键在于完善促进农民工资性收入增长环境，健全农民经营性收入增长机制，建立农民财产性收入增长机制，强化农民转移性收入保障机制，以此强化统筹提高农民收入机制建设。此外，我国农业劳动生产率偏低，制约了农民增收。提高农业劳动生产率，重点是推动有能力在城镇稳定就业生活的农业转移人口市民化，减少乡村的剩余劳动力，使乡村劳动者拥有更多生产资料，进而推进适度规模经营、提升农业生产效率；构建以现代农业为基础、新产业新业态为补充的多元化乡村经济，推进农业机械化全程全面发展，健全乡村旅游和休闲农业等新业态，探索生态产品价值实现机制和文化保护利用机制，统筹提高乡村经济综合效益和农民收入。

第二章 农村精神文明建设

第一节 农村精神文明建设在乡村振兴中的重要性

一、有利于提升农民整体的文化、道德素质

乡村振兴不是只靠政府、只靠基层干部就能实现的,更多的是要广大农民一起行动起来。脱贫攻坚的经验显示,扶贫要先扶志和智。只有整体素质提高了,农民才能自觉地参与农村建设,才能坚定地执行党的方针、路线、政策,巩固党的执政基础。

二、有利于为乡村振兴提供精神动力

农村精神文明建设是滋润人心、德化人心、凝聚人心的工作。物质财富和精神财富都要极大丰富,这是一种均衡的、全面的、辩证的发展方向,要将精神文明建设贯穿改革开放和现代化全过程、渗透社会生活各方面。

第二节 农村精神文明建设的内容

《习近平关于社会主义精神文明建设论述摘编》对农村精神文明建设作出系统论述,为加强农村精神文明建设提供了强大思想武器。农业农村部始终坚持以习近平总书记重要论述为根本遵

循,不断推动农村精神文明建设走向深入。

一、围绕夯实农村思想阵地,聚力乡村振兴

指导各级农业农村部门深入学习贯彻习近平新时代中国特色社会主义思想,持续在基层乡村组织开展"听党话、感党恩、跟党走"宣传教育,宣讲党的好政策、身边好典型、美好新生活,教育引导推动广大农村党员、干部和群众深学细悟习近平总书记关于"三农"工作的重要论述,用党的创新理论武装头脑,坚定不移在党的领导下走中国特色社会主义乡村振兴道路。

二、持续推进农村移风易俗,培育文明乡风

创新教育引导,连续三年开展"县乡长说唱移风易俗"征集展示,倡导文明乡风;坚持典型引路,持续遴选推介全国村级"文明乡风建设"案例,鼓励各地创新探索。持续针对高价彩礼、人情攀比、厚葬薄养、铺张浪费等移风易俗突出问题开展专项治理,旗帜鲜明地反对农村陈规陋习,在全社会营造弘扬新风正气的良好氛围。

三、强化农民教育,提高文明素养

持续实施高素质农民培育计划,以社会主义核心价值观为引领,提升新时代农民精神风貌。推进乡村普法,培育农村学法用法示范户,深入农村开展送法下乡活动。深入推进农村人居环境整治,引导农民群众不断增强卫生环保意识,养成文明健康生活方式。推选"全国十佳农民""最美农技员"等先进典型,鼓励广大农民群众实干兴业、勤劳致富,鼓励农业工作者扎根基层、服务奉献。

四、推进乡村文化振兴，丰富精神生活

实施农耕文化传承保护工程，挖掘认定和保护传承中国重要农业文化遗产，组织开展"农业文化遗产里的中国"系列宣传，加强农耕智慧展示传播。牵头办好中国农民丰收节，因地制宜举办乡村文化体育活动。持续开展"新时代乡村阅读季"活动，选树宣传乡村阅读榜样，带动更多农民群众开卷阅读，提升文明素养。

第三节 农村精神文明建设的新部署

党的二十大对加强农村精神文明建设作出新的重要部署。农业农村部深入贯彻落实党的二十大精神和习近平总书记关于农村精神文明建设重要指示精神，把农村精神文明建设作为全面推进乡村振兴、加快推进农业农村现代化、建设农业强国的重要内容，在四个方面持续加大工作力度。

一、坚持物质文明和精神文明协调推进

发挥农业农村部门与农民群众关系最密切、打交道最直接、服务最具体的优势，谋发展和抓思想共进，富口袋与富脑袋同步，推进习近平新时代中国特色社会主义思想深入农村、深入人心。

二、统筹推动形成农村精神文明建设工作合力

会同各有关部门加强农村思想道德宣传教育，促进城乡公共文化服务均等化，持续推进农村移风易俗重点领域突出问题专项治理，完善村规民约和相关标准规范，广泛开展农村文明培育、文明实践、文明创建。

三、健全长效化常态化工作机制

推动将农村精神文明建设纳入乡村振兴示范县、农村改革试验区等重点内容，纳入乡村振兴战略实绩考核和相关督查，细化分解工作任务，压实各地各级部门责任。及时总结基层创新做法，健全工作推进制度。

四、打造具有农耕特色的精神文明建设品牌

持续认定中国重要农业文化遗产，深入挖掘其蕴含的思想观念、人文精神、道德规范，保护传承中华优秀农耕文化。突出农耕、农趣、农味，组织农民乐于参与、便于参与的文化体育活动，增加优质乡村文化产品和服务供给。

第三章 农村思想道德建设

第一节 自觉遵守社会公德

一、社会公德的内容

社会公德是社会生活中最简单、最起码、最普通的行为准则，是维持社会公共生活正常、有序、健康进行的最基本条件。因此，社会公德是全体公民在社会交往和公共生活中应该遵循的行为准则，也是作为公民应有的品德操守。2019年中共中央、国务院印发的《新时代公民道德建设实施纲要》明确提出，推动践行以文明礼貌、助人为乐、爱护公物、保护环境、遵纪守法为主要内容的社会公德，鼓励人们在社会上做一个好公民。

（一）文明礼貌

文明礼貌是人与人之间团结友爱和情感沟通的桥梁，表现为人们之间交往的一种和悦的语气、亲切的称呼、诚挚的态度，更表现为谈吐文明、举止端庄等。这些虽为日常小事，但对建设和谐友爱的乡村起着重要作用。当然，文明礼貌也是一个历史的范畴，随着时代和条件的变化而不断更新。

（二）助人为乐

助人为乐就是以关心他人、帮助他人为快乐之本。它体现了社会主义的人道主义精神，是为人民服务的具体体现。

生活在农村这个集体中的任何农民,都不可能脱离他人的帮助而存在,也不可能脱离他人的关心而生活。人与人之间需要相互依存、相互关心和帮助。当别人有困难时,要热情地伸出援助之手,急他人之所急,帮他人之所需;当看到有摩擦、纠纷时,要积极调解,帮他人化干戈为玉帛;当看到他人有缺点或错误时,要给予批评和帮助,表达自己的关心和爱护之意。

(三) 爱护公物

公共财物包括一切公共场所的设施,它们是提高人民生活水平,使大家享有各种服务和便利的物质保证。爱护公物主要表现为:一是要做到公私分明,不占用公家财物,不化为私有;二要爱护公共设施,使其能够为更多的人服务;三要敢于同侵占、损害、破坏公共财物的行为做斗争。

(四) 保护环境

农村区域占我国国土面积的绝大部分,农村环境的维护和保持是我国环境保护的重要内容。总体上而言,农村环境可以分成生活环境和农业生产环境两个部分。生活环境保护涉及人居和家居环境的改善,以及生活区环境卫生的维护,主要靠人们良好的生活习惯和生活垃圾的妥善处理来维持。农业生产环境保护主要涉及农业耕地质量和农用水源质量的保护。耕地和水源质量与农业生产作业过程有着密切的联系,特别是农药、化肥、除草剂等的过量施用需要引起农户特别的关注。在经济发展过程中,不仅要"金山银山",还要"绿水青山",树立"保护环境,人人有责"的观念,努力养成有利于环境保护的生活习惯、行为方式,提高科学的农事作业的技能。

(五) 遵纪守法

遵纪守法是指遵守纪律和法律。它是保证社会健康有序发展的基础。对于农民来说,遵纪守法就是要增强法治意识,维护宪法和法律权威，学法、知法、用法，执行法规、法令和各项行政规章；就是要遵守公民守则、乡规民约和有关制度；就是要见义勇为，敢于同违反法律法规和各种纪律的行为作斗争。

二、自觉遵守社会公德

对于农民来说，要自觉遵守社会公德，将文明礼貌、助人为乐、爱护公物、保护环境、遵纪守法等融入行为中，不说粗话脏话，不随地吐痰，不在公共场所吸烟、不大声喧哗；不庸俗上网，不损坏公物，不乱扔杂物，不乱贴乱画，不乱停乱放；文明用餐，杜绝浪费；文明出行，注重礼让，不乱穿马路，不酒后驾驶，不踩踏草坪；文明养宠，遛狗牵绳，宠物粪便及时清理，以实际行动做文明言行的实践者和传播者。

第二节　广泛践行社会主义核心价值观

一、社会主义核心价值观的内容

社会主义核心价值观是社会主义核心价值体系的内核，体现社会主义核心价值体系的根本性质和基本特征，反映社会主义核心价值体系的丰富内涵和实践要求，是社会主义核心价值体系的高度凝练和集中表达。

党的十八大提出，倡导富强、民主、文明、和谐，倡导自由、平等、公正、法治，倡导爱国、敬业、诚信、友善，积极培育和践行社会主义核心价值观。富强、民主、文明、和谐是国家层面的价值目标，自由、平等、公正、法治是社会层面的价值取向，爱国、敬业、诚信、友善是公民个人层面的价值准则，这24个字是社会主义核心价值观的基本内容。

（一）富强 民主 文明 和谐

富强、民主、文明、和谐，是我国社会主义现代化国家的建设目标，也是从价值目标层次对社会主义核心价值观基本理念的凝练，在社会主义核心价值观中居于最高层次，对其他层次的价值观具有统领作用。

1. 富强

富强，即国富民强，是社会主义现代化国家经济建设的应然状态，是中华民族梦寐以求的美好夙愿，也是国家繁荣昌盛、人民幸福安康的物质基础。

2. 民主

民主，是人类社会的美好诉求。中国人民追求的民主是人民民主，其实质和核心是人民当家作主。它是社会主义的生命，也是创造人民美好幸福生活的政治保障。

3. 文明

文明，是社会进步的重要标志，也是社会主义现代化国家的重要特征。它是社会主义现代化国家文化建设的应有状态，是对面向现代化、面向世界、面向未来的民族的、科学的、大众的社会主义文化的概括，是实现中华民族伟大复兴的重要支撑。

4. 和谐

和谐，是中国传统文化的基本理念，集中体现了学有所教、劳有所得、病有所医、老有所养、住有所居的生动局面。它是社会主义现代化国家在社会建设领域的价值诉求，是经济社会和谐稳定、持续健康发展的重要保证。

（二）自由 平等 公正 法治

自由、平等、公正、法治，是对美好社会的生动表述，也是从社会层面对社会主义核心价值观基本理念的凝练。它反映了中国特色社会主义的基本属性，是中国共产党矢志不渝、长期实践的核心价值理念。

1. 自由

自由,是指人的意志自由以及存在和发展的自由,是人类社会的美好向往,也是马克思主义追求的社会价值目标。

2. 平等

平等,即公民在法律面前的一律平等,其价值取向是不断实现实质平等。它要求尊重和保障人权,人人依法享有平等参与、平等发展的权利。

3. 公正

公正,即社会公平和正义,它以人的解放、人的自由平等权利的获得为前提,是国家、社会应然的根本价值理念。

4. 法治

法治,是治国理政的基本方式,依法治国是社会主义民主政治的基本要求。它通过法治建设来维护和保障公民的根本利益,是实现自由平等、公平正义的制度保证。

(三) 爱国 敬业 诚信 友善

爱国、敬业、诚信、友善,是公民基本道德规范,是从个人行为层面对社会主义核心价值观基本理念的凝练。它覆盖社会道德生活的各个领域,是公民必须恪守的基本道德准则,也是评价公民道德行为选择的基本价值标准。

1. 爱国

爱国,是基于个人对自己祖国依赖关系的深厚情感,也是调节个人与祖国关系的行为准则。它同社会主义紧密结合在一起,要求人们以振兴中华为己任,促进民族团结、维护祖国统一、自觉报效祖国。

2. 敬业

敬业,是对公民职业行为准则的价值评价,要求公民忠于职守、克己奉公、服务人民、服务社会，充分体现了社会主义职业精神。

3. 诚信

诚信，即诚实守信，是人类社会千百年传承下来的道德传统，也是社会主义道德建设的重点内容，它强调诚实劳动、信守承诺、诚恳待人。

4. 友善

友善，强调公民之间应互相尊重、互相关心、互相帮助、和睦友好，努力形成社会主义的新型人际关系。

二、农村传播社会主义核心价值观的意义

农村传播社会主义核心价值观，能够有效整合多元化的乡村价值观，增强主流意识形态的价值引领，提升农民道德素养，培养乡村共同体意识。

国家层面的社会主义核心价值观传播，有助于改变传统农民"只管自己三分地"，不关心国家大事的小农意识，转变小富即安、自私自利的思想意识，把国家的发展同自我发展联系起来，不断增进对国家的认同感、自豪感。正确的国家价值观可以帮助农民关注和了解国家大政方针，理解党为实现民族复兴的初心和决心，增强对中国特色社会主义共同理想的价值认同，积极投身于"富强、民主、文明、和谐、美丽"的现代化国家建设和乡村振兴的时代大潮。

社会层面的社会主义核心价值观传播，有助于改变传统农村生活中，基于血缘、地缘形成的熟人和半熟人社会生态，打破乡村差序格局中的尊卑意识和等级观念，构建"自由、平等、公正、法治"的农村社会环境，有利于农民突破陈规陋习的思想束缚，树立现代乡村公共精神，解放思想、大胆创新，打破城乡结

构壁垒,把城市优势资源引向农村,促进城乡融合,缩小城乡差距,推动实现共同富裕。

个人层面的社会主义核心价值观传播,有助于改变农民因为贫穷落后而萌生的自私狭隘的传统道德观念,构建和谐文明的乡村人文环境。倡导"爱国、敬业、诚信、友善"的现代公民个人价值准则,构建现代公民的行为准则和道德观念,为农民在处理个人利益和他人利益、集体利益的关系时提供价值引领,同时为乡村文化振兴、农村现代化提供思想基础、精神动力和文化环境。

三、培育和践行社会主义核心价值观的对策

(一)加强学习教育,调动农民的积极性

我国农村是思想文化建设的薄弱环节,人们信仰非主流化的倾向日益严重,通过开设学习专题讲座、举行基层理论巡回宣讲、利用村广播、村远程教育站等载体,推进社会主义核心价值观下基层,深化广大农民群众对社会主义核心价值观的认识和理解,调动农民参与践行社会主义核心价值观的积极性,从而夯实培育和践行社会主义核心价值观的思想基础,充分发挥社会主义核心价值观在社会主义新农村建设中的规范行为、稳定秩序、提供精神动力等作用。

(二)注重多方宣传,促进乡风文明

树立社会主义核心价值观能有力地促进农村乡风文明,结合农村实际,可通过建立村规民约、文化走廊、制度上墙、建立图书室、组建文化下乡队等形式加强宣传,大力传播先进文化、塑造美好心灵、弘扬社会正气,努力形成正面舆论强势,使社会主义核心价值观为广大人民群众所感知、认同和接受,营造出全民践行社会主义核心价值观的氛围。

(三) 树立先进典型,发挥示范作用

先进典型是推进培育和践行社会主义核心价值观的鲜活教材。要让农村家庭、学校和社会各界形成合力,通过身边实实在在的典型示范、榜样引领,使社会主义核心价值观深入人心,充分发挥各类先进典型的榜样示范和教育引导作用,及时总结推广先进典型经验,广泛开展学习宣传先进典型活动,用先进典型及事迹来教育人、影响人、引导人,使广大农民学有榜样、赶有目标,进而使社会主义核心价值观念内化为农民群众的思想意识和自觉行动。

在基层培育和践行社会主义核心价值观,是一项长期任务,要坚持用社会主义核心价值观教育农民,积极引导农民参与实践,让社会主义核心价值观深入人心。

第三节 推进农村道德建设

一、农村道德建设存在的主要问题

任何道德总是依附于具体的现实基础,涉及政治、经济和文化等各个方面。因而一定程度上说,这使中国农村道德伦理在传统特色、历史变迁以及社会转型中具体表现在家庭伦理、经济伦理、生态伦理以及治理伦理等方面。农村道德建设存在的问题主要体现在以下4个方面。

(一) 家庭关系淡漠

家庭是社会的有机载体,农村家庭伦理道德对乡村社会发展具有极为重要的影响作用。中华民族是一个有着强烈传统家族观念的民族。在社会生产中,由于男女在家庭中的分工不同以及不同成员之间力量的悬殊,在长期积淀中形成了以孝为中心、以家

庭为本位的家庭道德范畴。随着社会的不断变革和进步，从鸦片战争后被迫打开国门到改革开放后的今天，特别是随着市场经济大门的打开，中国社会经历了翻天覆地的变化，随之而来的人们的价值观念也发生了多元化发展。家庭本位不再是唯一的价值取向，经济地位的独立给予了家庭成员独立的人格意识，反映在家庭关系中，表现为个人与家庭同等重要的价值取向。此外，传统的夫权与妇权矛盾也得到了调和，朝着平等和双向的方向发展。在社会改变带来思想解放的同时，也大大冲击了原有的农村家庭结构、功能和认知，传统家庭伦理道德观念在市场化浪潮的冲击下不再稳如磐石。表现在诸多方面："养"且"敬"的传统养老文化逐渐淡化，老人遭受"虐待"已不再是新鲜事；兄弟之间反目成仇或者老死不相往来现象增多。上述现象折射出来的不单单是个体家庭关系的问题，也反映出当前农村家庭伦理道德趋于淡漠的现状，这是关系到农村社会稳定的重大影响因素。

(二) 经济分化下村社内部邻里关系紧张

建立在小农经济基础上的中国传统乡村社会中，"乡"和"土"准确地概括了农民生产生活的全貌。这种高度依赖土地的、自给自足的封闭式生产方式，以及交往半径囿于熟人之间的生活方式，共同形成了村民之间相互信任、互帮互助的友善氛围。但这种基于传统生产生活方式而建立的乡村内部和睦友善的邻里关系，在近代以来中国农村社会的发展变迁特别是改革开放以来的市场化冲击下，发生了深刻变化。以家庭联产承包责任制为开端的中国当代农村改革中，农村土地从统分结合到"三权分置"，土地制度的变革从根本上改变了小农经济及计划经济的弊端，在调动农民生产积极性和发展农村生产力的同时，也打破了农村原有的生产生活方式。农村土地冲破原有制度的限制，农民冲破土地的束缚，乡镇工业的迅猛发展和"农民工"的专业化趋势使传统自给自足的生产方式和封闭的生活环境被瓦解。与此同时,伴随着农村城镇化进程和外来资源输入的冲击,村社内部因利益格局的调整产生了诸多矛盾,开始动摇村社邻里和谐的根基。一方面,国家政策向农村倾斜的过程中,资源的有限性导致不能平等地满足所有村民的需求,造成村民为争夺资源而产生利益纠纷。另一方面,因村民获取社会资源的能力存在差异,导致村民内部贫富分化和阶层分流。这表现为一部分农村知识分子、干部群体和一些外出闯荡的有志青年,拥有一定的资本和技能,因而生活相对富裕;另一部分依靠土地为生的农村劳动者,他们以传统的小农生产方式劳作为主、以闲时劳工为辅勉强支撑家庭所需。分配不公和经济分化导致村民之间平等感丧失,加之不断扩大的社会差别,进一步加深了村民心理的不平衡,容易产生嫉妒和仇视等对立情绪。农民这种思想观念的变化,使原有的和谐邻里关系被击碎和消解,大大改变了农村原有的伦理道德关系。在这种背景下,处理好农村经济发展和农村内部的伦理道德互动关系,是当前中国乡村经济伦理亟须解决的重要问题。

(三)人与自然之间的生态关系恶化

中国农民自古有着人与自然、人与环境友好相处的意识,这是由中国传统乡村讲究"天人合一"的农业生产和生活模式所决定的。但随着现代社会急剧转型,在农业工业技术化、农村城镇化进程的推进中,传统乡村在生产力加速发展、产业快速升级的同时,也出现了农村环境被污染和破坏,且日益严重的问题。应当看到,农村环境污染背后的人与自然关系的恶化问题是一种必然,因为它建立在盲目追求经济增长而忽略人与自然之间和谐共生关系的基础上。解决中国乡村生态问题的关键在于处理好环境保护和乡村发展之间的矛盾冲突,在农村生产生活方式的生态化转型中完成乡村社会的发展,这也是环境正义所强调的。农村环境的恶化，虽然是由经济发展不足和不当造成的，但不容置疑的是，农村环境的恶化一定程度上是建立在城市环境问题改善的基础上。但是，如何在农村环保意识不断提高以及农民追求更高生活质量的诉求下实现环境问题的公平正义，实现农业发展背后"绿水青山就是金山银山"的理想状态，是亟须解决的关键性问题。但对于如何破解现实生活与价值追求之间的鸿沟，顺利实现从"绿水青山"到"金山银山"，以及农村生产生活方式的生态化及效率化，从而促进农村生产生活方式的转变，是值得在实践中认真探索的重要方面。这个环节顺利实现与否，既是当前中国农村亟须解决的现实问题，也是整体上解决生态文明建设的重要环节。

（四）乡村治理乱序

回顾乡村治理的历史过程，在经历自治不善、法治不足的情况下提出了德治的新主张，在兼顾国家基本政策和传统乡土社会特点的基础上，通过致力于构造法治、德治、自治"三治融合"的乡村治理体系，从而在国家治理体系和治理能力现代化背景下促进乡村治理能力的现代化。"德治"在新的历史条件下得以提出，既表明乡村治理环境发生了深刻变化，传统治理方式已不能调整人们之间更加复杂的利益关系和矛盾，同时也为乡村治理指明了方向，即重视伦理道德建设。传统社会以"礼"的观念维系和保障农民与农民及农民与基层组织之间的秩序。但在市场化进程中，传统的"礼"遭到了愈来愈复杂的人际关系和利益关系的冲击和破坏，农民群体及其与基层组织之间变成非制度化的参与方式，这给社会稳定和乡村治理带来了新的挑战。这一方面表现为农民通过行贿、寻租行为在农村选举中拉取票数，破坏民主选举公平、公正的原则，结果造成了富人治村、恶人治村，而不是能者治村，既产生了不良风气，又改变了农村公共资源配置，弱化了乡村政府职能，甚至造成部分村级组织瘫痪。另一方面，在家族或宗族势力比较突出的地区，宗族控制着基层组织并且凌驾其上，阻碍了基层组织政治职能的正常发挥。因而，要想实现乡村的有效治理，必须在适应现代农村发展和回应农民公正诉求的基础上，对乡村治理中农民非制度化参与提出切实可行的方案。

二、农村道德建设的对策

（一）发挥农村党员干部的作用

在乡村振兴战略实施过程中，基层干部及农村党员的作风和道德水平会在很大程度上对农村道德建设产生影响。因此，农村基层党员及干部要积极协调农村的道德生活，提升农村的文明乡风。

首先，农村基层党委和政府要积极健全和完善相关的教育机制，发挥领导干部带头作用，要引导农民参与到精神文明建设中来，要对社会主义道德进行积极宣传，对农民自身的思想道德养成进行引导，提升农民道德教育的力度。其次，农村基层党员干部要起示范作用，提升自身的道德境界，进一步加强自身的道德修养，提升道德素质、政治素质及法律素质，继而使得农村居民道德素养得到全面提升。最后，农村的各个机构和组织应当积极发挥自身的优势，尤其是在思想道德教育方面的组织功能，通过开展多种多样的活动引导农村居民进行自我教育，比如开展卫生示范户评选活动等，通过这种方式提高农民参与活动、提升自身道德品质的积极性。

（二）农民的思想道德教育要讲求分层施教

在乡村振兴实施过程中，农民的思想道德教育应结合实际，采取不同的方式，分层施教。一方面，要突出教育的重点。乡村振兴的主力是青年农民,他们拥有较高的知识水平,同时还有一定的创新与开拓精神,对这些农民进行特定的教育,是当前农村建设过程中十分关键的内容。引导青年农民在市场经济背景下养成正确的道德观、价值观及人生观,使其成为农村建设过程中的新型农民,为农村建设提供更有力的保障。另一方面,教育应当有针对性。对农民的富裕程度及自身的道德观念等有所了解,对其进行有针对性的教育,逐步培养农民独立自主、勤劳致富的观念和品质,引导他们摒除享乐主义、极端个人主义等不良风气的影响,为农村建设提供重要保障。

(三) 引导农民树立新型道德观

中华民族具有优良的传统道德观,在农村建设中,要结合当下农村的具体实际,继承中华传统美德,用新型的道德观推动社会主义农村的精神文明建设。要求广大农民养成科学文明的生活方式,树立新型农民的道德观,提升自身的道德品质。

1. 强化农民的基本道德规范

党的十八大以来,以习近平同志为核心的党中央从建设社会主义文化强国的战略高度,不断推进社会主义核心价值体系建设,为中国特色社会主义事业提供源源不断的精神动力和道德滋养。在新时期,要坚持用社会主义核心价值观鼓励和引领农民加强基本道德规范的学习。利用村民学校积极开展思想道德教育,通过"知荣辱、树新风、兴发展"活动,采取多种形式引导农民树立社会主义荣辱观,弘扬中华传统美德,打破封建迷信的生活方式,利用公民道德宣传日等契机,创设更多有意义的活动。在此基础上,充分发挥电视等媒体的重要作用,有效开展宣传教育工作,使农民素质获得提升。

2. 培养农民的民主法治观念

农村思想道德建设的目的之一是培养农民的民主法治观念,

为农村道德建设提供制度保障。社会主义民主法治建设对农民的民主和法治观念提出了一定要求,增强农民的民主法治观念,要做到以下几点。第一,强调守法是农民的一项义务,是依法治国的基本要求,使农民明确认识到不积极履行义务或不遵循规范就要承担相应的法律责任,帮助农民树立自觉守法的观念。第二,宣传中国实行人民代表大会制度的必然性。与此同时,还要向农民宣传和讲解《宪法》确立的民主集中制原则,以帮助农民树立人民民主观念,增强其主人翁责任感,使其能正确处理国家、集体、个人三者之间的利益关系。第三,改变"重义务轻权利"意识,在教育内容上兼顾权利和义务两方面,在教育方法上既传授法律知识又进行法律观念的引导,帮助农民培养健康的法律心理和正确的权利义务观念,使其养成遵纪守法的习惯。第四,在具体实践操作上,针对农民法律意识淡薄、农村法治建设薄弱的现状,要建立和完善农村普法体系,通过"送法下乡""民主法治示范村"创建、法治文艺演出、现场普法咨询等多种形式的宣传教育,提高农村基层干部和群众的法治观念和法律意识。

三、农村道德建设的重点

(一) 恪守职业道德

职业道德是指适应各种职业的要求而必然产生的道德规范,是社会占主导地位的道德或阶级道德在职业生活中的具体体现,是人们在履行本职工作过程中所应遵循的行为规范和准则的总和。要推动践行以爱岗敬业、诚实守信、办事公道、热情服务、奉献社会为主要内容的职业道德,鼓励人们在工作中做一个好建设者。

对于农民来说,要将爱岗敬业、诚实守信、办事公道、热情服务、奉献社会等印刻到农业生产中,热爱农业,以农为荣,搞好农业生产，努力为农业现代化奋斗；学习文化科学知识，掌握现代的农业科学技术，做到科学种田，保护土地、山林水利等农业资源，发展现代农业；热爱集体，兼顾国家、集体和个人的利益，团结互助，共同富裕；勤俭节约，艰苦奋斗，移风易俗，美化家乡，推进乡村振兴的实施；培养务农光荣、务农自豪的职业道德感。

(二) 传承家庭美德

家庭是以婚姻和血缘关系或收养关系为基础的社会生活组织，是人类社会、国家，乃至每个村庄的最基本的组织单位和经济单位。家庭美德是每个公民在家庭生活中应该遵循的行为准则，涵盖了夫妻、长幼、邻里之间的关系。家庭生活与社会生活有着密切的联系，正确对待和处理家庭问题，共同培养和发展夫妻爱情、长幼亲情、邻里友情，不仅关系到每个家庭的美满幸福，也有利于社会的安定和谐。要推动践行以尊老爱幼、男女平等、夫妻和睦、勤俭持家、邻里互助为主要内容的家庭美德，鼓励人们在家庭里做一个好成员。

对于农民来说，要将尊老爱幼、男女平等、夫妻和睦、勤俭持家、邻里互助等体现在日常生活中，以孝敬亲情和睦家庭，以明理贤德教化子女，以诚信友善融洽邻里，以良好家风沁润社会，让美德植根每个家庭成员心灵，以万千家庭好家风支撑起全社会好风气。

(三) 建设个人品德

个人品德是指人类个体以心理活动形式表现出来的道德观念、道德情感、道德行为和道德品质。个人品德与社会公德、职业道德、家庭美德是紧密联系的。一个品德高尚的人，无论在工作单位、社会和家庭中都会是一个好成员；一个品德低下的人，就可能做出有损于社会、家庭和他人的不道德行为。不管是社会公德、职业道德还是家庭美德，都是一个人的个人品德在不同场合下，因不同角色担当的表现。要推动践行以爱国奉献、明礼遵规、勤劳善良、宽厚正直、自强自律为主要内容的个人品德，鼓励人们在日常生活中养成好品行。

　　建设个人品德，要将爱国奉献、明礼遵规、勤劳善良、宽厚正直、自强自律等镶嵌到个人魅力中，以实际行动关爱空巢老人、留守儿童、农民工和残疾人等弱势群体，积极主动地进行自我教育、自我启发、自我激励，坚韧不拔、脚踏实地、持之以恒地进行道德修养；学会自知自胜、自我扬弃，正确地认识和评价自己，克服不足。

第四章 农村文化建设

第一节 实施农耕文化传承保护

一、农耕文化的内涵

(一) 农耕文化的概念

农耕文化是指由农民在长期农业生产中形成的一种风俗文化,以为农业服务和农民自身娱乐为中心。农耕文化集儒家文化及各类宗教文化为一体,形成了自己独特文化内容和特征,主体包括语言、戏剧、民歌、风俗及各类祭祀活动等,是中国存在最为广泛的文化类型。

(二) 农耕文化的特点

农耕文化是中国传统文化的基础和重要组成部分,它贯穿于中国传统文化的始终,且影响深远。在农业上,农耕文化在维系生物多样性、保障食品安全、保护生活环境、促进资源持续利用等方面具有重要的价值。

农耕文化中的许多理念、思想和对自然规律的认知(如夏历、二十四节气、阴阳五行等)在现代乡村旅游中具有一定的现实意义和应用价值;在农村和农民的日常生活中,在农业生产中起着潜移默化的作用;在保持本民族特色、传承本国文化传统方面,发挥着十分重要的基础作用。

农耕文化是带有很强的生态环境特点的地域文化。南方北方，各有差异；东部西部，各具特色。人们经常说的"一方水土养一方人"，还有"五里不同风、十里不同俗"等，都表明了农耕文化的地域性特征。

农耕文化景观是人类认识自然、适应自然、利用自然的历史见证。它兼具自然环境和人类文化两种不同要素和特征，凸显了人和自然之间长期而深刻的关联。

二、传承保护农耕文化的意义

农耕文化是我国农业的宝贵财富，是中华文化的重要组成部分，积淀了数千年传统农业社会的智慧和经验。当前，在工业化、城镇化和全球化的浪潮中，传统农耕文化正面临中断和消亡。传承保护农耕文化，具有重要的现实意义和深远的历史意义。

(一) 农耕文化蕴含的农耕智慧是推动农业现代化的重要参考

长期以来，为了更好地适应自然、利用自然，中华先民坚持因地制宜、顺势而为，通过趋时和土、辨土肥田、驯化良种等方式，将盐碱地、干旱地、山坡地等改造为良田，农技农艺相结合，积累形成了丰富的农耕智慧，对于今天推进农业现代化仍有着重要的借鉴意义。

(二) 农耕文化践行的人与自然和谐共生理念为农业绿色发展带来启示

中华农耕文明历经千百年而不衰，主要得益于将山水林田湖草沙视为生命有机体，种养结合、互利共生，实现了人与自然长期和谐共生，形成了天人合一、道法自然的哲学思想和顺时、取宜、循环、节用等生态观念，是当前推进农业绿色发展的重要思想基础。

(三) 农耕文化内含的乡土伦理、礼俗等至今仍具有社会治理的时代价值

农耕文化包含丰富的社会规范、生活伦理、节庆礼仪等人文内容，所传承的耕读传家、勤俭持家、守望相助等中华美德，维系着乡村社会和谐稳定，铸就了乡村的根和魂，对于今天加强农村思想道德教化、淳化乡风民风、坚定文化自信、改善社会治理都具有显著价值。

(四) 农耕文化包含的丰富资源为乡村振兴注入新动能

农耕文化包含着珍贵的传统种质资源、完善的传统耕作技艺、丰富的生物多样性、独特的生态文化景观等，合理开发利用农耕文化的丰富资源，对于拓展农业多种功能，发掘乡村多元价值，发展乡村新业态都具有十分重要的作用，可以带动农民就业创业、增收致富，为全面推进乡村振兴赋能。

三、传承保护农耕文化的思路

(一) 传承和谐天成的农耕思想

尊重自然、保护自然，追求和谐天成的生态平衡观念，在继承和创新中发展现代农业。发挥传统品种资源优势，助力打好种业翻身仗。加强传统品种资源保护，加强传统品种的收集和改良，强化种质资源开发利用，将重要农业文化遗产地打造成为传统品种的活态保护区。加大优势传统品种的产业开发力度，加强功能性食品研发，延伸产品的产业链和价值链。系统总结和深入挖掘精耕细作、循环利用、物种保护的传统农业技术，与先进适用农机农艺相结合，发展耕地质量提升、化肥农药减量替代、节水灌溉、轮作休耕、病虫害综合防控等绿色技术，用互联网、云计算、大数据等新一代信息技术进行改造，提高技术使用的轻简性和智能化。弘扬传统农业中用养结合、良性循环的生态理念，运用现代生态工程和生态技术，大力发展现代生态农业。

(二) 保护山水田园的乡村生态

引导农村民居适应当地的自然地理、生态气候，形成天、地、人三者和谐共生的有机空间，注重农房的生产功能和生活功能一体，房前屋后花果飘香、鸡犬之声相闻。在乡村规划中保留乡村风貌，在景观设计、建筑形式上注重乡土文化元素植入，从设计风格、空间布局、色彩搭配上尊重乡村机理。在乡村建设中融入乡土味道，农村人居环境整治和传统村落保护利用要在"微改造"上下功夫，配套完善水、电、路、气、通信等基础设施，既让乡村展现田园风光，又让农民享受现代生活。继承传统农业中人与自然和谐共生的生态理念，形成不同主体、不同范围的种养结合、循环农业体系。

(三) 建设守望相助的乡风民风

挖掘优秀农耕文化的精神实质，传承和谐共生、守望相助、诚信重礼的思想理念，培育文明乡风，抵制封建迷信等错误和腐朽思想，践行社会主义核心价值观，使农民展现积极向上的精神面貌和精神状态；继承勤劳善良、艰苦奋斗、朴实敦厚的精神品格，培育淳朴民风，遏制农村黄赌毒、大操大办、人情攀比等陈规陋习；弘扬兄友弟恭、勤俭持家、忠孝两全的优良传统，培育良好家风，抑制人情冷漠、奢侈浪费、孝道式微的不良风气。加强优秀农耕文化研究阐发与展示传播，支持农耕主题展馆面向社会、面向大众、面向青少年传播我国农耕文明。建设乡愁记忆载体，支持建立乡村农耕博物馆。支持有条件的村建设村史馆或者在村文化室、文化礼堂增设村史展示区域，挖掘和梳理本村的历史、习俗、重大事件和重要人物，推进村落共同记忆的回归。

(四) 发扬耕读传家的优良传统

推动耕读精神更多成为农村家庭的家规家训,用以勉励子孙后代既要有"耕"来维持家庭生活,又要有"读"来提高家庭的文化水平。引导形成"耕"不仅能谋生,还可以从中体悟道与德,"读"不仅能学习文化知识,还可以提高精神修养的思想观念,传递古人对知和行、理论和实践关系的探索,将个人的理想追求和家国情怀紧密联系。加强高素质农民培训,通过耕读传统持续提升农民文化水平和科技素质。对农村人口通过"耕读"与现代城市文明相互交融流通,在城乡融合发展中不断推陈出新。

(五) 发挥以文化人的治理功效

推动农耕文化所蕴含的应时守则、出入相友、父慈子孝、敬老爱亲、吃苦耐劳等精神品格重构为社会主义核心价值观引领下的现代版"村规民约",经过村民议事会、村民大会充分讨论后加以固化,利用农村大喇叭、标语、手机推送等形式扩大宣传,将其内化为价值准则,外化为行为规范。弘扬互帮互助、同舟共济、以诚相见的村社伦理,发挥乡村熟人社会特征,有效规避现代市场经济中的道德风险。注重培育新乡贤,把德高望重的"五老人员"、道德模范、乡村能人等纳入新乡贤队伍,持续开展"身边好人""最美家庭"等评选活动,使其成为乡村和谐稳定的维护者和农耕文化的传承者。

(六) 保护农耕记忆的物质精髓

持续抓好农业文化遗产资源的挖掘,形成更大的社会价值、文化价值、生态价值和经济价值。支持申报更多中国重要农业文化遗产和全球重要农业文化遗产,增强农业遗产影响力。继续加强农村生产生活遗产保护发展工作,发掘和运用其文化元素和工艺理念,遴选一批有群众基础、带动能力强、产业开发潜力大的农村传统手工艺进行重点支持，鼓励非遗传承人、企业、院所等在农村设立传统技艺工作站，发挥传统手工艺在促进农民增收、巩固拓展脱贫攻坚成果中的作用。继续开展"农村手工艺大师"评选，推动更多农村手工艺大师成为"大国农匠"。

【相关链接】

中国重要农业文化遗产

截至2021年底，农业农村部已分6批认定了139项中国重要农业文化遗产，分布在29个省份的151个县（市、区），包括60多种农牧业物种和各类农业生态类型。

第一批中国重要农业文化遗产名单（19个）	河北宣化传统葡萄园、内蒙古敖汉旱作农业系统、辽宁鞍山南果梨栽培系统、辽宁宽甸柱参传统栽培体系、江苏兴化垛田传统农业系统、浙江青田稻鱼共生系统、浙江绍兴会稽山古香榧群、福建福州茉莉花种植与茶文化系统、福建尤溪联合梯田、江西万年稻作文化系统、湖南新化紫鹊界梯田、云南红河哈尼稻作梯田系统、云南普洱古茶园与茶文化系统、云南漾濞核桃-作物复合系统、贵州从江侗乡稻鱼鸭系统、陕西佳县古枣园、甘肃皋兰什川古梨园、甘肃迭部扎尕那农林牧复合系统、新疆吐鲁番坎儿井农业系统
第二批中国重要农业文化遗产名单（20个）	天津滨海崔庄古冬枣园、河北宽城传统板栗栽培系统、河北涉县旱作梯田系统、内蒙古阿鲁科尔沁草原游牧系统、浙江杭州西湖龙井茶文化系统、浙江湖州桑基鱼塘系统、浙江庆元香菇文化系统、福建安溪铁观音茶文化系统、江西崇义客家梯田系统、山东夏津黄河故道古桑树群、湖北赤壁羊楼洞砖茶文化系统、湖南新晃侗藏红米种植系统、广东潮安凤凰单丛茶文化系统、广西龙胜龙脊梯田系统、四川江油辛夷花传统栽培体系、云南广南八宝稻作生态系统、云南剑川稻麦复种系统、甘肃岷县当归种植系统、宁夏灵武长枣种植系统、新疆哈密市哈密瓜栽培与贡瓜文化系统

第四章 农村文化建设

(续表)

第三批中国重要农业文化遗产名单（23个）	北京平谷四座楼麻核桃生产系统、北京京西稻作文化系统、辽宁桓仁京租稻栽培系统、吉林延边苹果梨栽培系统、黑龙江抚远赫哲族鱼文化系统、黑龙江宁安响水稻作文化系统、江苏泰兴银杏栽培系统、浙江仙居杨梅栽培系统、浙江云和梯田农业系统、安徽寿县芍陂（安丰塘）及灌区农业系统、安徽休宁山泉流水养鱼系统、山东枣庄古枣林、山东乐陵枣林复合系统、河南灵宝川塬古枣林、湖北恩施玉露茶文化系统、广西隆安壮族"那文化"稻作文化系统、四川苍溪雪梨栽培系统、四川美姑苦荞栽培系统、贵州花溪古茶树与茶文化系统、云南双江勐库古茶园与茶文化系统、甘肃永登苦水玫瑰农作系统、宁夏中宁枸杞种植系统、新疆奇台旱作农业系统
第四批中国重要农业文化遗产名单（29个）	河北迁西板栗复合栽培系统、河北兴隆传统山楂栽培系统、山西稷山板枣生产系统、内蒙古伊金霍洛农牧生产系统、吉林柳河山葡萄栽培系统、吉林九台五官屯贡米栽培系统、江苏高邮湖泊湿地农业系统、江苏无锡阳山水蜜桃栽培系统、浙江德清淡水珍珠传统养殖与利用系统、安徽铜陵白姜种植系统、安徽黄山太平猴魁茶文化系统、福建福鼎白茶文化系统、江西南丰蜜橘栽培系统、江西广昌莲作文化系统、山东章丘大葱栽培系统、河南新安传统樱桃种植系统、湖南新田三味辣椒种植系统、湖南花垣子腊贡米复合种养系统、广西恭城月柿栽培系统、海南海口羊山荔枝种植系统、海南琼中山兰稻作文化系统、重庆石柱黄连生产系统、四川盐亭嫘祖蚕桑生产系统、四川名山蒙顶山茶文化系统、云南腾冲槟榔江水牛养殖系统、陕西凤县大红袍花椒栽培系统、陕西蓝田大杏种植系统、宁夏盐池滩羊养殖系统、新疆伊犁察布查尔布哈农业系统
第五批中国重要农业文化遗产名单（27个）	天津津南小站稻种植系统、内蒙古乌拉特后旗戈壁红驼牧养系统、辽宁阜蒙旱作农业系统、江苏吴中碧螺春茶果复合系统、江苏宿豫丁嘴金针菜生产系统、浙江宁波黄古林蔺草-水稻轮作系统、浙江安吉竹文化系统、浙江黄岩蜜橘筑墩栽培系统、浙江开化山泉流水养鱼系统、江西泰和乌鸡林下养殖系统、江西横峰葛栽培系统、山东岱岳汶阳田农作系统、河南嵩县银杏文化系统、湖南安化黑茶文化系统、湖南保靖黄金寨古茶园与茶文化系统、湖南永顺油茶林农复合系统、广东佛山基塘农业系统、广东岭南荔枝种植系统（增城、东莞）、广西横县茉莉花复合栽培系统、重庆大足黑山羊传统养殖系统、重庆万州红桔栽培系统、四川郫都林盘农耕文化系统、四川宜宾竹文化系统、四川石渠扎溪卡游牧系统、贵州锦屏杉木传统种植与管理系统、贵州安顺屯堡农业系统、陕西临潼石榴种植系统

(续表)

第六批中国重要农业文化遗产名单（21个）	新增项目：山西阳城蚕桑文化系统、内蒙古武川燕麦传统旱作系统、内蒙古东乌珠穆沁旗游牧生产系统、吉林和龙林下参—芝抚育系统、江苏启东沙地圩田农业系统、江苏吴江蚕桑文化系统、浙江缙云茭白—麻鸭共生系统、浙江桐乡蚕桑文化系统、安徽太湖山地复合农业系统、福建松溪竹蔗栽培系统、江西浮梁茶文化系统、山东莱阳古梨树群系统、山东峄城石榴种植系统、湖南龙山油桐种植系统、广东海珠高畦深沟传统农业系统、广西桂西北山地稻鱼复合系统（柳州市三江侗族自治县、融水苗族自治县，桂林市全州县，百色市靖西市、那坡县）、云南文山三七种植系统、西藏当雄高寒游牧系统、西藏乃东青稞种植系统、陕西汉阴凤堰稻作梯田系统 扩展项目：广东岭南荔枝种植系统（茂名）

（七）丰富基层群众的文化生活

通过农耕文化的繁荣，丰富农民的精神文化生活，办好以农民为主体的文化体育活动，挖掘不同民族、不同地区传统节庆仪式，融入农民丰收节，破解庆祝形式单一、老百姓参与性不强等问题，使农民丰收节成为展示和传承农耕文化的窗口和平台。创新制度和政策，自上而下开展"文化下乡"的同时，支持引导农民群众自建文化队伍，开展优秀农耕文化传承活动。采取政府购买、项目补贴、定向资助、贷款贴息等政策措施，支持各类文化机构在深入挖掘农耕文化的基础上开展创造性转化，创作出更多农民群众喜爱的农耕文化作品。

【相关链接】

农民丰收节：重温农耕文化的记忆

俗话说，春生夏长秋收冬藏。在橙黄橘绿的秋分时节，款款走来了第一个"中国农民丰收节"。关于丰收的庆祝，古今中外，蔚为大观，而这样充满庄重感、仪式感的节日称谓却是第一次。唤醒人们对农业农村的重视，对农民尊重，是节日设立初心,同时作为一个文化符号,让人们重新寻找回农耕文化的记忆,汇聚人们对山水田园的情感寄托,也是题中之义。

山西是中国农耕文明的摇篮,在距今 5 000 至 6 000 多年的时候,神农炎帝就在古老的三晋大地率领先民制耒耜,种五谷,尝百草,立节气,揖别洪荒,开创了延续几千年的农耕文明。关于炎帝农耕的碑刻、古迹、习俗、传说在长治、晋城一带数不胜数。中国农博馆研究所专家胡泽学先生来晋考察后,编纂了《三晋农耕文化》一书,书中指出:山西农耕历史之悠久,文化积淀之浓厚,内容之丰富,在中国农耕文化的大家庭里,居于领先地位。如今,设立"中国农民丰收节",恰可以以节为媒,挖掘农耕文化的内涵,享受农耕文化的精神熏陶。而于山西来说,更是意义非凡,尊农重农、仰祖怀宗、文化自信,都在其中矣。

农耕文化是中华优秀传统文化的主干成分,其主要内涵是什么?有学者概括为"应时、取宜、守则、和谐"八个字。同时,也蕴含了敢为人先、百折不挠、厚德载物、为民造福的精神。数千年来,农耕文化浸入社会生活的方方面面,由此延伸的节奏与智慧充满着一种自然的审美。在工业化、城镇化加快推进的过程中,人们对传统农耕文化的记忆和内涵正在淡化与模糊,虽说一个节日无法承载偌大的唤醒功能,但因为一个节日,人们回归田野、崇尚自然、感恩耕作、喜庆丰收,莫不是一种精神的陶冶。

2018 年,山西 11 个市立足本土,形式多样迎接首个"中国农民丰收节","稻花香里说丰年""马铃薯采摘体验""小米发展大会""枣儿红了旅游文化节"……这个节日,脸朝黄土背朝天的农民们走上前台,为自己的农产品"打 call";每天穿梭在城市丛林的人,也因为这个节日,再次与乡土亲密接触。

文化自信,是更基础、更广泛、更深厚的自信,农耕文化绵延数千年，蕴含着无穷的哲理智慧和生生不息的精神。期待这个节日不仅能为农民赢得尊严与表达情感的机会，也能推动传统文化和现代文明有机融合。

(八) 建立农民主体的弘扬路径

传承弘扬农耕文化，要走依靠广大农民、为了广大农民的群众路线，让农民群众切实分享保护传承农耕文化的成果。加大传统村落的保护投入，推动传统村落集中连片保护，在保护和合理改造中提高农民居住的舒适性。建立农耕文化遗产利用的利益分享机制，探索农耕文化遗产所有权入股，进行商业开发时要尊重农民意愿，项目收益按照一定比例分配给当地农民。推动农耕文化植入休闲农业和乡村旅游。挖掘农耕文化资源发展创意农业，建设以农民为主体的集农事体验、文化展示、科普教育为一体的农耕文化园。

第二节　举办乡村文化体育活动

一、乡村体育文化发展方式

当前，乡村体育文化发展方式有两种。一是政府自上而下"输入型"的发展样态，体育行政部门配置体育资源、举办体育竞赛、开展体育文化活动，多以篮球、足球、马拉松等现代运动项目为主，在一定程度上促进了乡村体育文化振兴，但与本土化发展要求间耦合程度较差。二是基于乡村既有体育文化资源"内生型"的文化样态，多以武术、龙舟、舞龙舞狮等民族民间传统体育项目为主，虽然符合本土化发展要求，但因底子薄、资源少而陷入内卷化的低水平循环。

【相关链接】

西营村：推进乡村体育文化建设　建设新时代文明乡风

随着物质文化生活水平的提高，群众精神文化需求日趋强烈，今年以来，在山西省交城县西营镇党委、政府和交城县卫健局的支持下，西营村党委大力推进乡村体育文化建设，以人居环境综合整治为着力点，建设新时代文明乡风、培养新时代农民队伍，聚焦村民新生活，打造农村新环境。

2022年6月，西营村党委积极向上争取项目和资金，以西营学校南门为试点，以新建文化广场为契机，拆除陈旧设施，去除坑洼路面，重新修建新广场，全力打造娱乐、健身一体化场所，满足村民需求，提高居民身体素质，丰富村民业余文化生活。

2022年7月，新广场路面已全部硬化完毕，完成铺油画线，目前已设置羽毛球、乒乓球场地，待新的体育器材安装完毕，将会极大丰富广大农民群众的业余生活。西营村后期也将不断完善该广场的基础设施，进一步提升西营村形象，不断提高村民的满意度和幸福感。

广场已初显运动健身功能，老百姓都走出了家门，发挥才艺，锻炼身体，丰富业余文化生活。有村民在互联网留言道："多年的西营村没有改变的面貌，多少中老年喜欢跳舞，没有好的环境，今年有我们书记上任给西营妇女打造了一个很好的环境，改造了一个新的广场娱乐场所，您丰富的心灵，开发了中老年的智力，十二万分的感谢，您踩透心灵的每一寸，丰富的心灵，开发的智力，为西营村点燃了希望的光芒，谢谢满是对您的敬意。"

西营镇党委、政府始终坚持党建引领，勇于创新、敢于实践，用实际行动回应群众对美好生活的期待。下一步全镇将进一步推进人居环境整治，不断提升美丽乡村建设，努力打造宜居乡村环境，不断提高居民的获得感和幸福感，让新时代的乡村振兴在西营镇不断出彩！

二、举办适合的乡村文化体育活动

举办适合乡村群众参与的特色体育赛事活动，同时可把体育赛事与农业生产、法治普及、政策宣讲等相结合。例如，"村BA"在贵州、青海、河南等地开展得如火如荼，当地百姓放下锄头，来到篮球场，一场场精彩的篮球赛不仅丰富了大家的业余生活，还锻炼了身体，促进了健康，和谐了邻里。篮球、乒乓球、羽毛球、广场舞等体育赛事活动在我国乡村地区深受群众喜爱，广泛开展适合乡村群众参与的体育赛事活动，将丰富乡村群众的生活、促进大众身体健康。体育赛事活动参与人数众多，也是开展其他工作的有利时机。在贵州省黔东南州锦屏县，当地相关部门紧抓"村BA"举办这一机会，积极开展法治宣传活动，为群众答疑解惑，让群众争做法律明白人，进一步深化群众法治观念，让法治宣传来到群众身边，进一步提升了人民群众的获得感、幸福感、安全感。

三、举办特色体育赛事活动

举办适合城乡对接的特色体育赛事活动，进一步将居住在城市中的群众吸引到乡村地区参与体育赛事，以此带动体育、旅游等消费，促进当地经济发展。浙江宁波余姚的横坎头村，以前作为山区、老区，这里百姓的生活并不十分富足。然而，当地通过"体育+旅游"的方式，走上了一条特色发展之路。山地越野、自行车赛等体育赛事在当地接连举办。每逢体育赛事举办，村民开办的餐厅等平均每天至少有万余元的收入,再加上日常来这里登山旅游的城里人进行的消费,村民的收入逐年增加,大家的心中乐开了花。

【相关链接】

余姚横坎头村:"浙东红村"蹚出一条体育富民的大道

四明山脚下的余姚市梁弄镇,是全国19个抗日根据地之一。该镇的横坎头村,村内有中共浙东区党委、浙东行政公署旧址,享有"浙东红村"的美誉。

"横坎横坎,横看竖看看不到头"。这是21世纪初的横坎头村的场景。山区、老区、穷区。2003年,时任浙江省委书记的习近平同志到横坎头村调研,希望加快老区开发建设,尽快脱贫致富奔小康。2018年2月28日,习近平总书记再次回信,勉励横坎头村全体党员同乡亲们一道,再接再厉,苦干实干,努力建设富裕、文明、宜居的美丽乡村。

山还是那座红色之山,水还是那湖四明之水。记者到访时,横坎头村到处是欣欣向荣、朝气蓬勃的场景。刚刚履新党委书记的黄科威感慨:横坎头村依托红色土地,坚定绿色发展理念,蹚出一条运动振兴乡村的特色之路。

在美丽乡村建设过程中,体育设施成为最靓丽的风景之一。农民公园、欢乐大舞台、健身步道、标准篮球场点缀其中,6个自然村均配备了各自的文体活动室,添置了跑步机、户外健身器械。村民胡忠尧是太极队的负责人,他说:"我最大的感受是,现在生活条件好了,普遍更加注重健身、健康。"村里有支"红村足球队",有十七八位球员,每周都会开展一两次活动,还会与镇里、市里的球队举办友谊赛。"以前年轻人都爱往外跑,现在都往球场跑了,还吸引外村人来踢球、交流。"黄科威笑言。

横坎头村这几年大力发展农业经济,种植樱桃、蓝莓、葡萄等。农业与体育的结合,达到意想不到的效果。水果还没有成熟,以体育赛事为表现形式的宣传却已经早早启动了。举办果园定向赛、真人CS,成为立竿见影的"导购服务"。硕果累累时,又举办采摘擂台赛、开展亲子户外运动。"百果园"经营户汪国武说:"举办果园比赛,我举双手欢迎,赛事的'带货效应'实在太强了!"他每年的经营收入达到两三百万元。

环四明山百公里山地户外运动挑战赛、环四明山自行车骑游大会、环四明湖半程马拉松等具有明显"红色"印迹的赛事,纷纷在横坎头村举办,推动体育与文化、旅游、农业、生态的深度融合。"依托红色旅游、体育赛事,横坎头还成了自驾游爱好者的重要目的地。"由此带来的吃、住、行、购、游产业链,也让黄科威感到特别高兴。"人来了,钱来了,效益就出来了。"说这话的是"90后"姑娘黄徐洁。她是出生土长的横坎头村人,还是一名海归。曾在德国留学的她,获得工商管理学硕士学位。随着老家的开发,她越来越觉得回乡创业机会的难得。两年前,投资130万元开办了"横坎头农家"饭店开门迎客。"这是我们村最大的农家乐,可同时供300多人就餐。"她喜滋滋地告诉记者,每逢体育赛事期间,每天的营业额都有一两万元。

体育成为横坎头村富民强村的重要抓手之一。一组对比的数据足令人欣慰:21世纪初,村里负债40余万元;2019年,接待游客、运动爱好者60.7万人次,村级可支配收入740万元,村民人均收入达到36 248元。

梁弄镇镇长诸仲玖对运动振兴乡村有着深刻理解。他认为,作为革命老区,梁弄山地资源丰富,发展乡村运动休闲产业坚持的正是"红色引领绿色发展"的总体思路,即红色+绿色+特色,有效提升区域的承载力、经济的辐射力与带动力。他告诉记者,梁弄镇正在复制横坎头村的经验，已经投资 1 600 万元相继完成了羊额古道、百步阶古道等的修复，加大培育或引进山地越野跑、自行车挑战赛等品牌赛事，以及尝试引进建设自行车赛道、滑草场的可行性，同时总体规划布局开办民宿、农家乐，让运动振兴乡村这条特色之路越走越宽。

第三节　开展乡村阅读文化建设

一、推进乡村阅读

在新时代推进全民阅读，乡村不能缺位、农民更不能缺席。一方面，乡村阅读必须立足于农村这片土地，唯有植根于乡村的本乡本土文化，才能细化文化的内涵，让乡土味更契合乡亲们的需求；另一方面，农民是乡村阅读的主体，是文化阵地的根本力量，但是受限于文化素质、受教育程度、生活工作习惯等，阅读习惯尚未形成，阅读氛围还相对欠缺。这既阻碍了阅读之风的下沉和更好地发挥其潜移默化的作用，也不利于全民阅读全国一盘棋的布局。

新时代乡村阅读季活动，要进一步引导农民群众在阅读中增强坚定不移走中国特色社会主义乡村振兴道路的信心决心，提升奋斗创造美好生活、推进产业就业创业兴业的本领能力，让社会主义核心价值观在农村大地落小落细落实，让优秀传统文化和美德在乡村重现往日的辉煌盛景。

【相关链接】

2022"农民喜爱的百种图书"发布

作为中央宣传部、农业农村部、国家乡村振兴局主办的

2022"新时代乡村阅读季"重点活动之一,2022"农民喜爱的百种图书"11月25日在四川成都天府书展上正式向社会公布。

2022年的"农民喜爱的百种图书"共有30种政经类图书、10种科技类图书、20种医卫生活类图书、20种文化类图书、20种少儿类图书入选。其中包括党的二十大报告单行本等文件及学习辅导读物,以及《习近平谈治国理政》第一、第二、第三、第四卷,《论"三农"工作》等一批党的创新理论著作和主题出版物;既有《党建+新农人致富:富农富民第一课》等反映脱贫攻坚和乡村振兴成果、帮助农民提升致富技能的图书,也有《靠山》《远去的白马》《红色经典阅读少儿版:小英雄雨来》等引导农村青少年坚定理想信念、厚植家国情怀的读物,以及《农村食品安全手册》《智享未来——老年数字生活新体验》等关爱农民群众身心健康、预防疾病滋养心灵的书籍。

2022"农民喜爱的百种图书"推选活动紧紧围绕学习宣传贯彻党的二十大精神这条工作主线,以《2022年农家书屋重点出版物推荐目录》为基础,通过农民群众和地方宣传部门推荐、专家初评、网络投票、专家终评4个环节展开。7月启动以来,经过地方和农民读书推荐、出版单位自荐,共产生参选图书1 092种。"中国农家书屋"微信公众号、《中国新闻出版广电报》新媒体矩阵、各地农家书屋数字平台、"学习强国"学习平台等有关媒体平台纷纷发布网络投票链接。

"农民喜爱的百种图书"推选活动自2019年举办以来,今年已是第四届。活动由中央宣传部印刷发行局指导,中国新闻出版传媒集团有限公司承办,以习近平新时代中国特色社会主义思想为指导,本着深入学习宣传贯彻党的二十大精神,为农民群众提供丰富精神文化产品的目标,以高质量文化供给推动群众精神文化生活共同富裕,推进农家书屋提质增效,巩固拓展脱贫攻坚成果同乡村振兴有效衔接,为推进乡村全面振兴凝聚强大精神力量。

二、推进乡村阅读的措施

推进乡村阅读,必须多措并举,多管齐下。

一要强化思想引领。以农家书屋为阵地,不断优化和深化各类主题出版物、相关配套活动等配置,紧紧围绕党建核心,传递更多文化的声音,引领乡村风气持续向好。

二要突出榜样示范。挖掘培育更多的优秀代表,通过开展乡村阅读优秀家庭或个人,或者开展系列演讲或朗读比赛,评选和树立乡村阅读的引领人物,打造阅读之风的亮点,为后续的以点带面奠定坚实基础。

三要鼓励社会参与。联合更多社会企业、民间组织等,更细化合作方式和模式,既坚持政府购买,又持续推进市场化运作探索,把"送文化"和"种文化"紧密结合,提供更多优质阅读产品和服务,使农村群众获得更丰富的文化产品,确保足不出户,文化无处不在。

三、打造新型公共文化空间

"十四五"是全面建设社会主义现代化国家开局起步的关键时期。在振兴乡村文化的过程中,依托传统农家书屋打造新型乡村公共文化空间,可以有效提高乡村公共文化服务的均衡性和可及性,拓展乡村文化振兴的新格局。

(一)打造新型乡村公共文化空间

在全面振兴乡村的国家战略之下,以新型公共文化空间思维,依托和充分整合地域文化资源,升级改造传统农家书屋,打造富有地域特色的新型乡村公共文化空间,是新时期振兴乡村文化的重要路径。在这个过程中,要充分发挥乡村群众的主体性,激发他们的内生力量,共建共享新型乡村公共文化空间,使其成为乡村群众对美好精神文化生活向往的容器和平台。

(二) 推动乡村数字文化平台建设

使广大乡村群众随时随地都能享用优质的数字文化资源,参与丰富多彩的乡村文化活动,是与时俱进振兴乡村文化的时代要求。在振兴乡村进程中,大力拓展农家书屋的智慧应用场景,朝着内容资源数字化和服务平台网络化的方向发展,积极构建现代化的乡村数字公共文化服务平台,为群众提供优质科普和文化服务,建设乡村智慧公共文化空间,是农家书屋未来的发展方向。

(三) 全面提升乡村公共文化服务效能

新型乡村公共文化空间的建设要从乡村群众的现实需求出发,引导与服务并举,整合资源,创新机制,培育具有时代感和地方特色的乡村阅读和文化品牌,打造阅读资源丰富、服务形式多样、功能完善的乡村新型公共文化空间,构建优质高效的乡村公共文化服务新体系,切实提高乡村公共文化服务的效能,满足乡村农民群众的多元化精神文化需求,不断增强乡村群众的内生发展动力。

在新的历史时期,以农家书屋为抓手,打造新型乡村公共文化空间,提升其文化生产和服务效能,加快拓展乡村文化振兴新格局,这是新时代振兴乡村文化的必要之举,也是新形势下建设中国式现代化乡村文化新生活、提升广大乡村群众幸福感和获得感的必由之路。

第四节 传承农村优秀传统文化

优秀传统文化是农村精神文明建设的根与魂。改革开放至今，国家一直致力于保护传统文化。农村传统文化不仅是文化的源头和宝藏，而且是传统道德、传统民风的载体，对农村传统文化的传承既是对文化的保护和发展，也是对优良农村乡风民风的继承和弘扬。

一、优秀传统文化的现代意义

《关于实施中华优秀传统文化传承发展工程的意见》提出，到2025年，中华优秀传统文化传承发展体系基本形成，研究阐发、教育普及、保护传承、创新发展、传播交流等方面协同推进并取得重要成果，具有中国特色、中国风格、中国气派的文化产品更加丰富，文化自觉和文化自信显著增强，国家文化软实力的根基更为坚实，中华文化的国际影响力明显提升。这个目标与乡村振兴具有极大的一致性，在乡村振兴中，传统优秀文化的振兴不能掉队，这是新时代乡村振兴的应有之义。中华民族具有悠久的历史传统，在创造巨大的物质财富的过程中也创造着巨大的精神财富，为世界文化的宝库增添了自己独一无二的文化力量。中华优秀传统文化在源远流长、灿烂耀眼的5 000多年的文明发展史中，一直是一种不间断的最深沉的民族精神追求，它代表着中华民族独特的精神标识和精神力量，是中华民族绵延不息、发展壮大的精神动力，是中国特色社会主义植根的丰润文化土壤，是当代中国社会发展的优势力量，它对延续和发展中国文化、中国文明，进而促进人类社会的共同进步，发挥了不可替代的作用。中国共产党从建党的第一天起就自觉肩负起传承和发展中华优秀传统文化的历史责任，真正做到中华优秀传统文化的忠实继承者、弘扬者和建设者，党在不同的历史阶段，结合当时的历史条件创造性地发展了优秀传统文化。党的十八大、十九大、二十大以来，党中央、国务院更加认识到优秀传统文化的价值，积极地大力推动中华优秀传统文化在新时代的传承和发展,别开生面地开展了许多富有创新、切实有效的工作,极大地增强了优秀传统文化的吸引力、凝聚力和创造力。面对现实,要看到优秀传统文化面临的巨大挑战。现代社会是一个更加开放的世界舞台,加上互联网的便捷和新媒体的快速发展,一种思想支配全局的局面已难以维持,多种思想、文化、观点的交流、交融与交锋增多。面对这种形势,需要加深对优秀传统文化重要性的认识,不断增强文化自觉和文化自信;需要努力挖掘中华优秀传统文化价值力量,激活优秀传统文化的生机与活力;需要国家层面的政策支持,积极构建优秀传统文化传承发展体系目标。实施优秀传统文化传承发展工程,是新时代建设社会主义文化强国的必然抉择,对于传承、弘扬中华文化的血脉、全面提高人民群众的文化素养、增强国家文化软实力,进而对乡村振兴提供文化资源的智力支持具有重要意义。

二、优秀传统文化的精神

(一)深厚的人文精神

人文精神强调人的价值和以尊重人性为基本点。中华文化历史久远,在漫长的历史岁月中形成的人文精神对现代社会具有极大的借鉴意义。中华传统人文精神内容很多,但是其核心可以概括为天人合一、民为邦本的精神思想;求同存异、和而不同的为人处世方式;文以载道、以文化人和育人的教育思想等。人是万物之首,没有了人的主体性,世界将归于寂静的黑暗。在西方和中国先秦之前的时代,神学及神的精神支配着一切,人没有彰显出应有的价值。在文艺复兴和先秦思想的冲击下,人的尊严和价值重新得到了肯定,关心人、尊重人的理念被普遍认同。中华优秀传统文化在人文精神方面可以说走在了世界的前列。不论孔子还是孟子以及后来的儒家和道家都充分肯定了人的价值。

(二) 勤俭持家的节俭精神

勤俭持家是中华民族自古以来就有的传统美德，更是新时代社会可持续健康发展的道德力量、乡村振兴建设的价值基础。勤俭是中华民族的重要传统精神品格，是传统伦理道德的重要思想源泉，是民族坚持不懈奋斗的精神家园，是个人修养、家族兴旺、国家强盛的根基所在。"历览前贤国与家，成由勤俭破由奢""民生在勤，勤则不匮""业精于勤荒于嬉""俭，德之共也。奢，恶之大也"等这些前人留下的名言，是人们在生产生活实践中总结出来的思想精华。勤俭作为一种传统美德、一种理性的生活方式、一种存在的理念，在物质较为丰富的新时代，在乡村振兴中仍然具有很大的精神力量。虽然经过40多年的改革开放，人们的物质生活水平得到了大幅度的提高，但是勤俭这种传统的文化美德不应该丢掉，相反应该更加大力弘扬。

(三) 敬老爱老的孝道精神

孝道文化是中国传统道德体系的核心内容，是其他一切道德准则的基础和发源。中国文化来源于农耕文化，对于父母的孝和敬是自然而然的事情，几千年来，在生产实践中形成了深厚的孝道精神，体现了人的精神价值。"身体发肤，受之父母"，这是多么让人难以忘怀的血缘依附，每个人依托于父母来到这个陌生的世界，在父母含辛茹苦的养育下才能慢慢自立。乌鸦反哺，作为对父母养育之恩的回报，孝敬、赡养父母是情理之中的事。孝由爱小家扩大到爱大家，由爱自己的家推广到爱整个国家、爱人类，最终实现习近平总书记所倡导的人类命运共同体。孝德有助于实现老有所养、老有所终，培养良好的社会道德氛围，促进家庭和谐、社会安定，从而为乡村振兴提供道德支撑和基础。

三、传承优秀传统文化的路径

乡村社会自身蕴藏着许多优秀的传统文化,只要精心发现和用心开发,并加以创造性转化和创新性发展,农村精神文明建设的空间就将变得更加宽广。由于这些传统文化一直栖身于乡村社会,长期存在于乡民日常生活之中,因而,从这些传统文化中培育出来的乡风,无疑与农民有着极强的相容性,在农村的生命力也更强大。

(一)建立文化振兴机制

在当今中国特色社会主义发展阶段,政府的强有力推动是优秀传统文化传承与发展的关键。在乡村振兴的大背景下,产业兴旺、生态宜居、治理有效、生活富裕等四个方面都有明确的指标体系和运作经验,以乡风文明为标志的乡村文化振兴则是一个相对柔性、需要长期持续运转和不断提升的过程,更需要政府通过体制机制创新,获得持续不断的发展动力。

要将文化振兴作为乡村振兴的重要内容,纳入政府工作计划,作为党和政府高度重视、各部门相互协调的刚性工作。在具体落实上,要像对待脱贫攻坚工作一样,保证充足的资金安排,建立可靠的组织体系,配备得力的人力资源,制定科学、合理、可评价、可操作的标准和流程,使文化振兴不再是软任务,而是硬指标。

(二)立足农村实际,创造性转化、创新性发展优秀传统文化

创造性转化农村优秀传统文化,要做好中华优秀传统文化向现代转型工作,包括形式上、理念上、内容表达上等多个层面。丰富优秀传统文化的表现形式,赋予其时代内涵,不断增补和充实优秀传统文化。这需要寻求优秀传统文化的基本元素,从源头

入手，坚持古为今用，不断推陈出新，深入挖掘中华文化所蕴含的宝贵价值，不断赋予"德、孝、公、廉、敬"等优秀传统文化新的时代内涵，并丰富其表现形式。在农村社会形成"孝敬老人、邻里和睦"的家风家训和"自由平等、公平正义"的社会新风。将中华优秀传统文化与社会主义核心价值体系建设相结合，将中华优秀传统文化中丰富的民族精神转化为今天时代所需要的民族精神和时代精神。在创造性转化和创新性发展过程中，推进美丽乡村建设，为实现乡村振兴提供强大的价值引导力和精神推动力。虽然创造性转化和创新性发展是一个整体，却各有侧重、各有所指。创新性发展农村优秀传统文化，重在使中华优秀传统文化中积极、健康、合理的内容得到应有的运用和发挥，并使其富有新的时代内涵。创新性发展农村优秀传统文化要做到以解决现实问题为宗旨，符合时代要求与农民群众的意愿去创新发展。从传统文化中汲取思想养料，在现实条件下致力于思想和文化的提升，重在提炼出融入体现时代特点的新内容，既与优秀传统文化相连，又与中国特色社会主义文化相契合。

(三) 深入挖掘农耕文化，用于培育文明乡风

农耕文化有利于凝聚人心、教化群众、淳化民风。如何更好地发挥农耕文化的作用需要认识到以下两点。

首先，我国是一个有着悠久历史的文明古国，有着几千年的农耕文化，所以，中国有着独特的农耕文化资源。农耕文化是农民在长期的农耕实践中形成的适应于农业生产的风俗文化，有着自己独特的文化内容和特征。在农村，农耕文化重点体现在精耕细作中所蕴含和体现的文化内容及元素。在农耕文化的影响下，广大农民有一种勤劳的美德，有一种精益求精的"工匠精神"，这种"精益求精"的工匠精神就是对生产对象特别关注、做事情精益求精。农耕文化所体现的礼俗制度和人际交往理念与文明

乡风所体现的社会风俗层面、生活方式层面的内容是相融的，农耕文化中的语言、戏剧、民歌、风俗等与文明乡风的特点相契合。

其次，要致力于增加农村民间农耕文化理事会组织的数量，扩大教化群众的范围。组织数量的增加可以将全体农民广泛地团结起来，把各方面的力量最大限度地凝聚起来。发挥好联系群众的优势，把积极因素凝聚到对农耕文化的发掘上。在增加组织数量的同时，扩大教化群众的范围，建设农家书屋、农耕文化博物馆，打造农耕特色文化礼堂，创建农耕园等活动场所，逐步完善教化群众的组织载体，全面展现农民精神文化生活的发展，以文化凝聚人心、教化群众。

(四) 培养农村传统文化传承人

许多农村传统文化面临发展萎缩、人为破坏严重甚至有消失的迹象，后继无人是造成农村传统文化发展状况窘迫的主要原因，培养农村传统文化传承人是保护农村传统文化、发挥传统文化对乡风文明建设积极作用的关键。

培养农村传统文化传承人需要保护现有乡村艺人和培养新艺人两手抓。保护现有的乡村艺人，首先，要对当地的农村传统文化进行调研摸底，利用信息技术和互联网技术整理编撰农村传统文化统计册，建立乡村艺人档案库，使农村传统文化保护工作做到"心中有数"。其次，从当地文化建设财政支出中划拨部分资金设立专门款项，给农村传统文化传承人发放津贴补助，用于其开展传统文化或民间手艺的研究及传承，对于一些在生活上存在困难的民间艺人要重点保护，改善其生活和开展传统文化创作与传承的条件。

培养新艺人，一方面要在农村地区通过传统文化展览、乡间手艺竞赛等形式的活动加大传统文化宣传力度，使更多的人认识到传统文化的重要性、知识性和趣味性，促使大量的农村青年对传统文化和乡间手艺产生兴趣，并投身到农村传统文化的保护、学习和传承中。另一方面要为农村传统文化或乡间技艺现有传承人创造开展传授文化知识和技艺的条件和平台。通过举办集中性的培训班、定期开展农村传统文化讲堂、创办乡间技能培训学校等，根据不同传统文化和乡间技艺的特征，搭建多样式的传授平台，为传承提供条件，培养更多的传承人。

第五章 农村文明素养建设

第一节 高素质农民培育计划

一、高素质农民的素养

高素质农民是指能够依托新型技术,扎根农村,发展农村,获得财富的人群,也就是那些有文化、爱农村、懂农业、精技术、善经营、会管理的村民。高素质农民应具备下列素养。

(一) 思想素养

1. 正确的人生价值观

树立正确的人生价值观是衡量高素质农民人生态度和人生价值的重要方面。从客观实际出发,采取科学求实的态度来想问题和办事情,认清人与自然、人与社会的关系,克服挥霍浪费、摆阔气、讲排场的不良风气,把个人致富与集体致富、勤劳致富与勤俭持家有机结合,抵制和反对拜金主义、享乐主义、极端个人主义,具有热爱农业、献身农业的良好品质。树立幸福、乐观的人生观,对人生抱有积极乐观的态度。高素质农民的价值观应该是理性的,要正确地对待金钱、权力、地位,学会理性消费和适度消费,正确处理理想与现实的关系。

2. 较强的集体主义精神

集体主义是推动我国社会前进的巨大力量,也是社会主义精神文明建设主旋律的重要组成部分。它凝聚着广大农民群众实施乡村振兴的全部力量，是培育高素质农民的基本要求。

高素质农民要能够认清社会主义制度的优越性，坚持共同富裕的发展方向，教育、引导周边广大农民群众发扬团结互助的集体主义精神，并能正确认识和处理国家、集体、个人三者之间的利益关系。认清国情，坚定社会主义信念，爱祖国、爱集体、爱农村、爱农业、爱农民。

3. 较强的民主法治观

较强的民主法治观念，是高素质农民的重要特征之一。建设民主法治事关乡村经济发展和社会稳定，是乡村振兴必不可少的重要工作。民主和法治能充分保障农民当家作主的权利，是农民合理表达自己意愿的有效方式。高素质农民应是具有较强的民主法治观念的农民，要积极参与农村基层民主法治建设，学法、知法、懂法、守法、普法，学会用法律武器保护自己的权益。

在民主方面，依据国家的政策和法令以主人翁身份直接参与决策，参与管理农村社会生活领域的各项事务，从而树立起较强的民主意识和法治观念，养成良好的民主习惯。共同制定村规民约，具有较强的政治参与意识、自我表达意识、自我管理意识以及主人翁意识，积极主动地参与民主选举、民主决策、民主管理和民主监督，学会珍惜自己拥有的民主权利，通过合法途径表达自己的愿望和民主诉求，保障自身的民主权利。在法治方面，树立法治观念，提高依法办事的能力。针对乡村实际情况，做好普法宣传工作，使广大农民了解与自己的生产生活有关的法律法规，了解应有的权利和义务，做到正确行使权利，自觉履行义务，遵纪守法，提高维护社会稳定的自觉性。

4. 较强的市场竞争观和效率观

市场经济是竞争经济，竞争就必须按优胜劣汰的规律行事。

高素质农民要适时打破与当前市场经济不相适应的传统小农经济，树立与市场经济和社会化大生产相联系的竞争观和效率观。要想适应新形势，就必须适应市场经济发展的需要，农业生产也必须以市场为导向，摆脱传统农业那种自给自足的生产状态，摆脱安于现状的小农意识和"重农轻商"的传统观念，掌握市场经济运作的规律，根据市场的需求，生产适销对路的产品。只有这样才能有利于捕捉各种新的信息，随时掌握市场动态，对市场规模、需求情况、发展趋势等做出科学预测，按照市场需求组织生产，积极地参与市场竞争，从而更好地促进农业和农村经济的发展。

5. 敏锐的信息观、政策观和创新观

在信息化时代，人们的思想观念只有不断更新，才能与时俱进。观念决定着发展的思路，思路决定着发展的出路，出路决定能否在市场经济中致富。高素质农民应当关心国家大事，了解党中央关于农村经济建设和发展方面的各项政策，真正理解乡村振兴的宏伟蓝图。这些对于搞好生产、劳动致富具有重要的指导意义，只有了解了国家相关的农村政策，农民才能根据国家和社会的需求来计划自己的生产，把国家和社会的需要同自己的生产紧密结合起来，这样才能做到有的放矢。高素质农民通过联系国际形势、国家大局，能够正确地观察和分析形势，全面准确地理解党的政策。在形势好的时候，看到问题，不盲目乐观；在遇到困难和挫折的时候，看到光明，不悲观失望。

(二) 道德素养

1. 热爱农村，有主体责任意识

农村是一个广阔的天地，农业是国民经济的基础，万物土中生，地是无价宝。农民世世代代劳动、生息、繁衍在农村，从事着农业生产，他们依靠自己勤劳的双手，发展生产、扩大经营、战胜灾害、克服困难，为国家提供了大量的粮食和农副产品，为工业的发展提供原料、劳动和资金积累，奉献社会。因此，高素质农民应该喜欢农村生活，热爱农村，了解中国农业的现状，并能认识到，扎根农业、从事农业、干好农业，是一项光荣而崇高的事业，从而树立发展农村经济的主人翁的责任感和事业心。

2. 诚实守信，恪守职业道德

敬业、责任、诚信，不仅是中华民族的传统美德，也是当代农民应具有的品质。应把高素质农民的诚信教育摆在突出位置，作为新一轮农民职业道德教育的总要求，使诚信文化渗透农民工作、学习、生活的方方面面，增强全体农民的信用意识。尤其是在市场经济发展的今天，诚信显得更加重要。农业已从封闭落后的半自给自足的产品经济逐渐转向开放的、活跃的商品经济，高素质农民的生产已不是主要为了满足自身需要的自给自足的生产，而是为了创造更多用来交换的商品。现代市场经济是交换的契约经济，更是诚信经济。在以诚信作为维系条件的市场经济中，应坚持货真价实、童叟无欺，不以次充好、掺杂使假、坑蒙拐骗，坚决制止、杜绝任何假冒伪劣商品。在经济往来中讲信用、重信誉，遵循市场交易既定的规则，恪守各种经济合同的约定，不违反各种经济原则，不偷税漏税，自觉依法维护农业市场经济的正常运行秩序。诚信是现代市场经济健康运转的不朽灵魂，诚实守信、恪守职业道德是市场经济条件下高素质农民必须具备的道德素养。

3. 保护环境，有强烈的环保意识

环境保护的问题已经成为衡量一个人道德水平高低的重要尺度。保护环境，就要做到正确处理经济发展与保护环境二者之间的关系，深刻认识资源的有限性和环境污染的危害性，特别要意识到浪费资源、污染环境最终会殃及自己和子孙后代。当前进行

的社会主义新农村建设就应该以科学发展观为指导,坚持可持续发展的原则。新农村建设的要求中重点提到"村容整洁",涵盖了农村生态环境建设的相关内容。伴随农业经济发展,要特别注重保护农村生态环境,树立环保意识。一是农业生产要依靠农业科学技术而非扩大种植面积的方式来增加产量,严禁大面积的森林砍伐;严禁过度放牧而导致草地被毁,丧失保持水土的功能;合理控制使用农药化肥,保持土地质量。二是农村生活方面要树立良好的生活习惯,不将生活垃圾直接扔到河边、村头、庄稼周围,保护农村水质与空气质量,禁止将污染型企业引入农村,造成农村环境严重恶化。

高素质农民应当具有生态意识和绿色环保意识,要认识到保护自然环境、维护生态平衡是每个社会成员包括高素质农民应尽的社会责任和道德义务。

4. 文明高尚、摒弃封建迷信思想

高素质农民以现代意识在社会生活、社会行为中发挥重要作用,具体体现在思想观念、精神风貌、移风易俗、民主选举、提高修养等方面。乡村振兴的一个重要要求就是乡风文明,因此,要加强农村精神文明建设,净化社会风气,营造文明风尚,破除封建迷信思想,让健康、文明、科学的生活方式自觉融入家庭和农村社区。可以通过在农村建立文化站、图书室,引导农民自觉抵制低级趣味、庸俗和迷信的活动,优化农村道德素养建设的外在环境。

(三) 科学文化素养

1. 科学素养

对于高素质农民来说,对其科学素养的要求是:了解科学技术知识、懂得科学方法;基本了解自然界和社会之间的关系;能够认识到科学技术、科学方法的作用,能够运用科学方式和思维

方式方法来处理日常生活中的困难和问题；掌握相应的基础农业科学，通过在生产活动中对科技成果的应用，如无人机植保技术，最终将科技成果转化为劳动力。

2. 文化素养

一个人的文化素养高低一般由其文化基础的高低决定。文化基础一般由其受教育程度来衡量。相对来说，一个人的学历越高，其文化基础相应也越好。对于高素质农民来说，"有文化"是最基本的素养要求，文化基础决定其接受和消化科学信息的能力，决定其不断发展和提升的能力。因此，对高素质农民来说，设立最基本的文化基础要求是必需的。在高素质农民培育课题的相关研究和实践中，人们普遍认为新型职业农民必须接受良好的中等或高等教育。对于大多数未来劳动力来说，接受良好的中等或高等教育（至少是中等教育），具备与所从事职业相适应的文化知识水平，除相对偏远和贫困地区外，这对于我国目前的农村教育条件来说，总体上都可以成立。

二、高素质农民的培育政策

目前，我国各地涌现出了一批"新农人"，但是我国高素质农民的数量还是相对较少，无法形成规模，也无法快速带领农村走向更加富裕的道路。主要原因是村民缺乏教育培养，而如何培育、怎么培育，谁来培育、培育谁的问题也就成了重中之重。为此，农业农村部组织实施高素质农民培育计划。

一是实施高素质农民培育计划。分类分层分模块开展培训，重点培养产业扶贫带头人、新型农业经营服务主体、返乡入乡创新创业者、专业种养加能手等。同时，组织评选优秀学员，树立一批致富带富典型。

二是实施高素质农民学历提升行动。以基层组织带头人、乡村产业带头人及青年后备农民为重点,量身定制培养方案,实施一批定向培养计划。开展100所重点院校创建行动,推动职业院校涉农专业改革,满足农民群众日益增长的学历提升需求。

三是创新支持农民发展。鼓励农民组建专业协会、产业联盟等,促进农民合作发展。推进农民培育与金融担保、电商营销等服务相衔接,依托云平台提供技术、政策、信息等综合性服务。多形式搭建交流平台,创新举办农民技能大赛,宣传展示农民风采。

三、高素质农民的培育思路

强国必先强农,强农必先育才,其中最重要的任务就是要培育大量"有文化、爱农村、懂农业、精技术、善经营、会管理"的高素质农民。统计数据显示,我国在高素质农民培育方面虽然取得了一些成绩,但受供需错位、经验不足、保障不力等因素影响,我国高素质农民培育还面临着"对象不精准、主体不多元、内容不多维、方式不精细、质量难保证"等难题。为此,必须围绕培育谁、谁来培育、培育什么、怎么培育、培育质量如何保障等问题,扎实推进高素质农民培育改革,切实筑牢农业强国人才根基。

(一)锚定多类群体,分类培育

培育高素质农民需广泛锚定多类群体,不断壮大强国生力军。一是培育高素质生产型农民。重点针对留守低龄老人、返乡农民工、种植养殖大户、家庭农牧场主等群体,提升其推动农业高质量发展的生产能力,造就一批懂农业、敢创业、促共富的产业振兴先导者。二是培育高素质技术服务型农民。重点针对农技服务人员、涉农大中专毕业生、技术性退伍军人、农业企业雇佣工人、传统手艺能工巧匠等群体,提升其推动农业社会化服务的商业能力，造就一批有匠心、精技术、善经营的生产服务引领者。三是培育高素质经营管理型农民。重点针对返乡大学生、青年农场主、合作社带头人、下乡创业者等群体，提升其推动农业组织变革的经营管理能力，造就一批有胆识、能革新、会统筹的农业管理变革者。四是培育高素质社会治理型农民。重点针对村委自治人员、乡村代课教师、返乡能人等群体，提升其推动乡村社会和谐发展的治理能力，造就一批有文化、甘奉献、爱农村的基层治理笃行者。在现实中，各地已经先行先试，不断具化培育对象。例如，陕西凤翔锁定返乡、在乡、下乡三类人群，精细培育"产业排头兵、经营带头人、振兴领头雁、电商领跑者、双创带头人、工匠工艺传承人"六类高素质农民；江苏昆山依照专业型、素能型、竞技型、典范型、实战型等十种类型精准刻画高素质农民，探索出各具特色的多元化培育路径。

(二)聚合多元主体，协作培育

高素质农民培育是一项系统化工程，需整合产教政企育人优势，形成多主体联动育人生态。一是发挥政府引导作用。整合农民诉求、乡村需求、国家要求，精准定位培育目标，做好培育方向引导；统整财政转移、政策扶持、制度配套、服务购买等方式，做好培育政策引导；依据农业产业分类、乡村社会分工、农民职业分化等标准，做好培育方案引导；通过资质审查、质量管控、风险监测、效果评估等方式，做好培育过程引导。二是提升机构教导作用。完善遴选标准、优选培育机构、明确任务职责、制定质量要求，严管机构资质；发挥农业广播电视学校主阵地作用，以集中学、分组研、现场练等方式，推进参与式、启发式、互动式教学，保障培育效果；整合学界、农界、政界、商界资源，用好市县镇村四级农业服务机构，配齐配足配强配优师资，优化师资供给；创新培育方式，运用远程网络、农闲集中、送教下乡、学分积分等途径，灵活开展分类型、分产业、分层次、分时段培训，解决工学矛盾，确保精准可行。三是强化企业主导作用。农业园区要加大投入，建设现代化培育场所，利用 VR 和 AR 等数字技术，搭建沉浸式培育场景，提升培育情境性；龙头企业要牵头创建农创空间、种养循环、土壤改良、科学施肥、直播带货等现代农业实习实训项目，提升培育针对性；涉农工商资本要积极推进休闲农业、认养农业、工厂农业、碳汇农业、订单农业等新业态发展，定期举办专项培训，就地解决农民就业，提升培育实效性。

【相关链接】

高素质农民培育形式

2021 年农业农村部印发的《高素质农民培育规范》中指出，高素质农民培训班主要通过课堂教学、现场教学、线上学习相结合的形式进行。鼓励培育机构创新教学方法，改进培育形式，提高教学效果。

1. 课堂教学

以团队建设、集中授课、典型介绍、案例教学、项目路演、讨论交流等形式开展。课堂教学应确保优质教学资源进课堂，确保授课教师专业领域与授课主题相符，鼓励采取参与式教学方式。

2. 现场教学

组织学员到实习实践场所或合作实训基地（农民田间学校）现场观摩、实地体验、动手操作、现场交流、模拟教学、孵化指导。现场教学应遵循农民教育培训特点和规律，选用产业相近、发展领先的基地或场所，配好实训教辅人员，明确现场教学目标要求，完善实践教学流程。

3. 线上学习

以网络直播、课件学习、线上辅导为主要形式开展。线上学习应选用具备在线学习、直播授课、学习测评、学时统计、实时监测、质量评价等基础教学管理功能的在线教育培训平台开展，强化线上学习的过程管理与支持服务，规范购买线上学习服务。

(三) 聚焦高质高标，定制内容

高素质农民培育菜单设计要围绕"高"字展开。一是思想水平高。以田间党课为抓手，开展国家战略、"三农"政策、社会主义核心价值观、法律法规、三风三治等内容培训，提升其政治站位；开发乡村礼堂、农耕博物馆、农家书屋等乡土教育资源，激发其爱乡情怀；借助小院舞台、村歌村晚传播社会新风尚，提升农民道德素养。二是生产技术高。围绕主要粮食作物和大豆油料生产，开展播种施肥、防灾减损、病虫防治、收储保存等全生产周期技术培训；围绕主要经济作物种植和动物养殖，开展品质监测、检疫防疫、生态健康等全面质量管理培训；围绕藏粮于地，加大农田管护、土壤监测、休耕轮作、用药配肥等土地管理培训；围绕藏粮于技，加大品种选育、农机操作、机械维修、水利灌溉等农业技术培训。三是管理能力高。以集约高效为标尺，重点开展观光农业、农耕乐园、现代农场、乡野民宿、共享农庄等项目管理培训，提升现代农业项目运营能力；以乡村善治为目标，开设普法、婚育、环保、健康等教育，提升自治能力、法治水平、德治情操，维护乡村社会公序良俗。四是商业智慧高。开设商业伦理、职业道德、质量管理、市场营销、品牌建设、资本运营、供应链管理等课程，提升市场运营能力；增设视频制作、带货话术、网店经营、爆品打造、流量获取等互联网内容，积极培育乡村电商带头人、农民网红主播，催生乡村新业态。

(四)围绕能力提升,推进三大融合

在互联互通新时代,创新高素质农民培育方式需要推进三大融合。一是推行"专创"融合。以乡村创业号召为指引,整合榜样引领、政策宣讲、项目示范、朋辈带动等方式,将生产技能传授和创业能力培养相结合,培养有"专业知识、生产技能、创新思维、创业精神、创新品质"的高素质农民,以创业助推产业并带动就业;以乡村创业生态为基础,整合农业创业园区、涉农众创空间、农业科技小院等平台资源,将创新创业教育与平台项目相结合,举办创新创业大赛和生产技能大赛等,以赛促育,提高其机会识别、团队建设、项目管理、风险管控等实操能力。二是推动"产教"融合。联合龙头企业、职业院校、科研机构、地方政府、农户家庭等利益相关者组成产教融合育人共同体,支撑培育工作可持续发展;整合农业全产业链条上下游培育资源,以延链补链固链强链为目标,分类培育不同职业类型高素质农民,优化人才供给,推动农业转型升级与高质量发展。三是加快"数教"融合。以数字乡村建设为契机,以农业物联网、大数据、云计算等为技术支撑,建好云端、手机端两所学校,加快教育资源即时送达,增强培育便捷性;打造高素质农民专业教学数字资源库、精品在线开放课程、虚拟仿真实训基地等项目,做大做强数字化教育共享平台,促进教育资源共建共创共享,增强培育普惠性。

(五)完善三个机制,保障培育效果

高素质农民培育要获得最大最佳效果,还需建立健全保障机制。一是政策激励机制。制定高素质农民在土地流转、项目申请、信贷保险、技术扶持等方面的激励政策,加大该群体在规模种植、返乡创业、农机购置、绿色生产等事项上的补贴力度,提升其参训积极性;发挥专项补贴、减免税收、金融信贷等物质激

励和头雁效应、社会责任、评优评先等精神激励的作用，有效引导各主体参与培育。二是运行管理机制。理顺省市县镇村"五级治理"，优化权责利匹配，明确各级培育责任要求，确保培育有效有序运行；推进合作社+供销社+农信社+乡村社"四社联动"，形成强有力的运行保障；构建算法+算力+算据的"智慧治理平台"，确保决策科学、流程优化、动态监测、开放共享。三是监督评价机制。加大公开招标、资格审查、公示验收等资质审查力度，确保培育机构规范运营，建立由农业和教育主管部门、农民培育机构、农业企业、用人单位、农民群体等组成的全员化监督评价主体；完善培育质量、就创业率、社会口碑等全方位质量评价体系，优化从招生到培训再到就业的全过程评价流程，全覆盖地建好高素质农民培育质量防护体系。

第二节　乡村普法教育

一、加强对农民的普法教育

普法教育不仅是一个乡土社会的地方性知识扩充（量的意义）与更新（质的意义）的过程，更是一个乡土社会的地方性知识回应国家灌输的法治知识形成新的社会规则的过程。首先，根据农村的实际情况，加大民事、行政法律法规的宣传教育。随着社会、经济的迅速发展，农民活动涉及民事、行政法律法规的逐渐增多，所以，对农民的普法教育要转变观念，不能不分重点，应该根据农村实际情况的变化，及时调整法律宣传的内容，以确保农民在人身、财产等各个方面的正当权益不受侵犯。其次，要加强对农村干部的法律培训，提高农村干部的法律意识，增强农村干部的法治观念。通过对农村干部的法律培训，使其增强依法解决农村热点、难点问题的意识，提高普法工作的效率。通过建立健全符合农村发展的村民自治章程和各项村级事务管理制度，使农村各项事业逐步走上规范化、法治化轨道，从而使农民群众切身感受到依法治理的实际效果，更加支持农村各项法律制度的推进与完善，使农村建设在村党组织的领导下充满活力。最后，要组织开展"送法下乡"等活动，深入农民群众中传播法律知识。当然，"送法下乡"活动除了选择农民群众最喜爱、最容易接受的宣教方式，诸如广播喇叭、黑板报、宣传栏等，使农民群众在潜移默化中提升法律意识，在寓教于乐中增强法治观念以外，更需要让法律贴近农民生活的实际需要，也就是法律系统在追求自身合理性的同时，还应追求现实的合理性，即法律原则、程序及由此产生的结果，与现实社会的基本期望要达到一定的均衡或者一致。如果法律背离了具体的生活实际，背离了广大农民的实际需求，那么实现中国法治化的理想目标就是空中楼阁。当然，农村的普法教育要与农村的执法结合起来，要紧密结合农村的实际，让农民真正感觉到法律的震慑力和严肃性，而不是可有可无的游戏规则。总之，通过加强对农民的普法教育，使农民能正确地认识到法律在自己生活中的重要性，从而能够正确地运用法律，理性解决自己生产和生活中的各种矛盾。

【相关链接】

新州镇："六个坚持"扎实推进乡村法治教育普及行动

贵州省黄平县新州镇紧扣省、州、县乡村振兴战略部署，深刻认识开展"四个专项行动"是推动城乡融合发展，统筹推进镇域城镇管理和乡村治理的重要抓手。其中强化乡村法治教育普及是推进全民普法、提升乡村治理水平的重要组成部分。新州镇"六个坚持"扎实推进乡村法治教育普及行动，开辟法治护农、法治强农、法治兴农的乡村法治教育普及行动新局面。

1. 坚持高位推动，抓好统筹安排部署

新州镇借助全县上下开展法治教育普及行动的大环境，充分认识开展专项行动的重大意义和现实意义，拟定工作方案，多次召开会议对法治教育普及行动进行安排部署，制定了全镇全覆盖的工作目标，镇、村 2023 年累计召开宣传教育工作推进会38 次。

2. 坚持责任落实，执法与普法相结合

落实责任推进送法进村，紧抓"关键少数"，强化对村"两委"班子成员、人民调解员、网格员、联户长、"法律明白人"等重点"法治带头人"的培育与法治培训。聚焦"普遍多数"，严格落实"谁执法谁普法"责任制，协调各相关单位相继开展"法庭巡回审判""宪法进万家""法治基层行"等法治宣传教育活动。用好"有效传媒"，持续抓好网格、联户微信群、专题法治宣传栏、村民广播等，有效增强法治教育普及行动的覆盖面和受众率，活动开展以来累计开展培训 36 场，参与群众达到1 200 余人次。

3. 坚持主题活动，法治教育全民参与

即精准聚焦乡村普法重点。围绕乡村振兴，精准聚焦影响经济社会发展和社会稳定的难点热点问题，累计开展"命案防控下乡普法宣讲""情暖三农　送法下乡""以案说法进村寨，法制服务振乡村"等系列普法活动 80 余场，参与群众达到 23 000 余人次。通过微信公众号、各村微信群、横幅、标语等方式推送与群众生产生活息息相关法律法规知识，增强群众知法、守法、用法意识，累计张贴命案防控告知书、平安建设温馨提示等宣传资料 38 000 余份，微信群宣传 1 200 余条（次），利用村级广播播放平安建设告知书音频，引导群众提高防范意识；注重在矛盾纠纷调处中充分发挥普法宣传的作用，做到在纠纷调解中普法，在普法中化解矛盾。

4. 坚持创新方法，强普法促基层自治

在部分村探索采取"网格化+积分制"管理，形成"党支部+网格员+联户长"三驾马车协同拉动基层社会治理的格局，打造了"村中有网，网中有格，人尽其责"网格管理模式，从而充分发挥群众在基层社会治理当中的能动性。引导村民在村党组织的领导下依法修订完善自治章程和村规民约，建立健全村规民约草案审核、备案登记、执行落实的制度机制，推广警民议事会、院坝协商会等村民议事协商模式，引导村民订立规矩、重塑习惯、涵养法治，促进自治、法治、德治相辅相成、相得益彰，建设治理有效、乡风文明、和谐有序的乡村社会。

5. 坚持健全机制，促进矛盾纠纷化解

坚持和发展新时代"枫桥经验"，广泛开展"无讼村（社区）"建设，推动全镇非诉讼纠纷解决综合平台全覆盖，充分发挥人民调解、行政调解、行政裁决、行政复议、仲裁、律师调解、公证等非诉纠纷解决方式作用，畅通和规范群众诉求表达、利益协调、权益保障通道，努力将矛盾纠纷化解在基层，做到小事不出村、大事不出镇、矛盾不上交，逐步实现止讼、化讼、少讼乃至"无讼"的社会环境，活动开展以来全镇共排查发现矛盾纠纷326起，调解成功267起，正在化解稳控59起。

6. 坚持因地制宜，打造法治文化阵地

大力推动法治文化长廊、广场、院坝建设，着力打造独具特色的法治文化主阵地，让群众在潜移默化中接受法治的熏陶，在娱乐休闲中培养良好的法治意识，提高全民法治观念和法治素养，努力做到让群众出门有法、抬头见法、说理用法、办事循法，从而形成自觉尊法、学法、守法、用法的良好氛围，把法治元素导入群众公共文化生活，让法治宣传教育更接地气。

二、提高农民的法律意识

法律意识是人们关于法律现象的思想观点、知识和心理的总称。它一方面意味着公民能够发自内心地认同和尊重国家宪法和法律的权威，并以之为自己行为的准则，自觉遵守法律；另一方面意味着公民能从平等的观念出发，要求他人和各类公共机关也遵守法律的共同约定，在法律的范围内行事。法律意识的具备表明一个公民在正确处理自身与社会关系上的成熟。对于农民来讲，具备法律意识应不仅指停留在对道德和法律知识的简单记忆与背诵的层面上，而是应该将其真正内化为自己遵循的准则，这是农村法制秩序得以建立的基础。但是，在一定程度上，我国广大农村仍旧是血缘、亲情基础上的社会，农村习惯经常取代国家法律成为处理纠纷的标准，有人把这种现象归结为血缘关系基础上的"熟人社会"特征。因此，培养和提高农民的法律自觉意识，而不是把自己仅仅看作装载法律知识的容器，那么农民就能告别陋习和愚昧，形成科学理性的处事方式。这不仅体现了农民群众的愿望和要求，符合农民的根本利益，而且还能使农民群众把对乡规民约的遵循与国家法律有机结合起来。

三、培养农民的法律习惯

农民法律习惯的缺乏不仅严重影响其法律意识的增强，而且影响其行为。事实上，农民往往依赖于各类权威的维权活动模式，而不选择现代法律裁决方式。司法在农民的纠纷解决方式中所占比例还较低，政府或人民调解员调解仍是农民解决纠纷的最主要方式。在农村精神文明建设过程中，全面实行法治，将现代法律信仰、法治精神的培育作为重要环节，培养农民的法律习惯就成为重要的内容。培养农民的法律习惯，使农民借助法律制度维护权利、履行法定义务、实现自己的利益，是提高农民法律素质的重要任务。只有培养农民法律的习惯，农民才会变书本上的法为现实中的法，才会真正消除对农村法治的认知障碍，才会真正维护自己的合法权益，才会真正享受法律带来的实实在在的利益。当然，法律习惯的培养不是依靠外在强制力的压制而形成的，它是一个自发的潜移默化的过程，或者说是在一系列日常社会活动、经验、感受之中而达到的。它必须在实际的法律运作过程中，在相关行为主体真切地感受到法律带给他们的实效，并对法律产生信任和依赖心理的过程中逐步成长起来，这是一个长期的、逐渐变化的过程。只有农民在其长期的日常生产生活中一直都能感受到法律所带给他们的利益和权利，而不是法律的朝令夕改或因人而异等经常出现不稳定的情况，才能在长期的信任和信赖的心理作用下逐渐产生健康的法律意识，进而自觉遵守法律规范和维护法律秩序，养成法律习惯。

【相关链接】

农业生产法律法规

1. 农业资源和环境保护法律

包括《中华人民共和国土地管理法》《中华人民共和国森林法》《中华人民共和国草原法》《中华人民共和国渔业法》《中华人民共和国水法》《中华人民共和国水土保持法》《中华人民共和国水污染防治法》《中华人民共和国野生动物保护法》《中华人民共和国防沙治沙法》等法律，以及《基本农田保护条例》《草原防火条例》《水产资源繁殖保护条例》《中华人民共和国野生植物保护条例》《森林采伐更新管理办法》《野生药材资源保护管理条例》《森林防火条例》《森林病虫害防治条例》《中华人民共和国陆生野生动物保护实施条例》等行政法规。

2. 促使农业科研成果和实用技术转化的法律

包括《中华人民共和国农业技术推广法》《中华人民共和国植物新品种保护条例》《中华人民共和国促进科技成果转化法》等法律及行政法规。

3. 保障农业生产安全方面的法律

包括《中华人民共和国防洪法》《中华人民共和国气象法》《中华人民共和国动物防疫法》《中华人民共和国进出境动植物检疫法》等法律，以及《农业转基因生物安全管理条例》《水库大坝安全管理条例》《中华人民共和国防汛条例》《蓄滞洪区运用补偿暂行办法》等行政法规。

4. 保护和合理利用种质资源方面的法律

包括《中华人民共和国种子法》《种畜禽管理条例》《农药管理条例》《兽药管理条例》《饲料和饲料添加剂管理条例》等。

5. 规范农业生产经营方面的法律

包括《中华人民共和国农村土地承包法》《中华人民共和国乡镇企业法》《中华人民共和国乡村集体所有制企业条例》《中华人民共和国农民专业合作社法》等。

6. 规范农产品流通和市场交易方面的法律

包括《粮食收购条例》《棉花质量监督管理条例》《粮食购销违法行为处罚办法》等行政法规。

7. 保护农民合法权益的法律

为保护农民合法权益制定了《中华人民共和国村民委员会组织法》《中华人民共和国耕地占用税法》等。

第三节　农村人居环境整治

农村人居环境以建设美丽宜居村庄为导向，以农村垃圾处理、污水治理和村容村貌提升为重点，旨在加快补齐乡村人居环境领域短板，并建立健全可持续的长效管护机制。2021年12月，中共中央办公厅、国务院办公厅印发的《农村人居环境整治提升五年行动方案（2021—2025年）》中明确指出，以农村厕所革命、生活污水垃圾治理、村容村貌提升为重点，巩固拓展农村人居环境整治三年行动成果，全面提升农村人居环境质量，为全面推进乡村振兴、加快农业农村现代化、建设美丽中国提供有力支撑。

一、农村厕所革命

（一）逐步普及农村卫生厕所

新改用厕所基本入院，有条件的地区要积极推动厕所入室，新建农房应配套设计建设卫生厕所及粪污处理设施设备。重点推动中西部地区农村户厕改造。合理规划布局农村公共厕所，加快建设乡村景区旅游厕所，落实公共厕所管护责任，强化日常卫生保洁。

【相关链接】

农村厕所革命宣传标语

1. 农村要小康，厕所算一桩
2. 厕所革命一小步，健康文明一大步
3. 推进农村厕所革命，共享健康文明生活
4. 厕所如同家，杜绝脏乱差

5. 要想环境好,厕所先修好
6. 小厕所,大民生
7. 乡村振兴要搞好,厕所革命不可少
8. 大力推进厕所革命,改善农村人居环境
9. 厕所卫生无小事,你的健康是大事
10. 住房现代化,厕所无害化
11. 要想少生病,厕所要革命
12. 建好小厕所,服务大民生
13. 减少传染病,厕所要革命
14. 共建卫生厕所,共享美好生活
15. 改厕改出新天地,宜居宜游更美丽
16. 粪污还田废变宝,无蝇无病身体好
17. 方便之所,文明之地
18. 厕所革命进万家,文明连着你我他
19. 厕所革命进万家,美丽乡村需要它
20. 厕所革命好处多,利国利家利你我
21. 卫生改厕就是好,家家户户得病少
22. 谁家厕所改得好,儿孙对象就好找
23. 生活富裕看厨房,生活幸福看茅房
24. 农村户厕无害化,生活品质不会差
25. 建个好厕所,疾病不找我
26. 家家建卫生厕所,户户奔文明小康
27. 积极参与农村改厕,共建生态宜居乡村
28. 环境要洁净,厕所要革命
29. 改造小厕所,共享大健康
30. 改建一个厕所,改善一片环境
31. 厕所革命进我家,农村不比城里差

32. 厕所革命，利国利民
33. 小厕所大民生，小空间大文明
34. 乡风要文明，厕所要革命
35. 乡村要振兴，改厕要先行
36. 推进厕所革命，助力乡村振兴

（二）切实提高改厕质量

科学选择改厕技术模式，宜水则水、宜旱则旱。技术模式应至少经过一个周期试点试验，成熟后再逐步推开。严格执行标准，把标准贯穿于农村改厕全过程。在水冲式厕所改造中积极推广节水型、少水型水冲设施。加快研发干旱和寒冷地区卫生厕所适用技术和产品。加强生产流通领域农村改厕产品质量监管，把好农村改厕产品采购质量关，强化施工质量监管。

（三）加强厕所粪污无害化处理与资源化利用

加强农村厕所革命与生活污水治理有机衔接，因地制宜推进厕所粪污分散处理、集中处理与纳入污水管网统一处理，鼓励联户、联村、村镇一体处理。鼓励有条件的地区积极推动卫生厕所改造与生活污水治理一体化建设，暂时无法同步建设的应为后期建设预留空间。积极推进农村厕所粪污资源化利用，统筹使用畜禽粪污资源化利用设施设备，逐步推动厕所粪污就地就农消纳、综合利用。

【相关链接】

罗江区"四步走"扎实推进农村厕所革命

近年来，四川省德阳市罗江区以"切实提高罗江区农村无害化卫生厕所普及程度"为目标，立足破解重建设轻管理、整治后易反弹、群众参与度低的难题，探索长效管护机制，全力推进农村"厕所革命"建设工作。2022年全区改厕完成率达100%，验收通过率100%。

1. 精细摸排部署

根据省、市实施2022年农村"厕所革命"整村推进示范村建设项目的有关要求，制定《德阳市罗江区2022年农村"厕所革命"建设项目实施方案》，层层落实责任，成立农村"厕所革命"建设项目管理专班，明确项目建设标准及时间节点，专人负责项目日常管理工作。各镇明确分管负责人和具体责任人，对照任务分解表，深入一线全面摸排，结合各自实际情况，逐一分解细化到户，一镇一策编制项目实施方案。通过对全区7个镇进行走访和摸排，共摸排出29个村960户厕所。

2. 有条不紊推进

2022年，区农业农村局在结合罗江区实际情况下，召集项目实施镇分管领导、村干部、施工队负责人召开农村"厕所革命"建设项目专题培训会，就改厕建设标准进行培训，明确了农村无害化卫生厕所室内整体结构完整、有标准便器、卫生无臭，室外采用三格式化粪池的建设标准，对照标准逐条解读，答疑解惑。按照任务安排，建设精准施策，管理服务同步到位，由局长牵头每周一督查，对发现的问题进行通报，督促镇村及时整改。先后召集镇村负责人、施工队负责人召开4次项目推进会，对实际施工过程中遇到的困难和问题，积极协调，快速处理，确保改厕顺利实施。为确保改厕标准到位和工程质量过关，农业农村局成立专班对各镇改厕工作开展不定期督导检查，并对照标准进行现场指导。项目建设完成后，各镇组织村（居）委会进行初验，农业农村局与区乡村振兴局再结合实际情况，组织专人成立3个检查小组，按照建设验收标准，对全区改厕工作进行验收。

3. 积极引导宣传

充分发挥各类媒体作用,通过印发宣传画册、利用村村响、村务公开栏、电视媒体、微信公众号等多种形式,采取群众喜闻乐见方式,大力开展农村"厕所革命"宣传,让农民群众知晓基本要求,养成良好卫生习惯,引导群众主动使用卫生厕所,营造利于工作推进的良好氛围。认真梳理提炼农村"厕所革命"重要进展、重要政策措施、工作创新实践、综合效益发挥等方面工作亮点,及时高效做好信息宣传。

4. 建立长效管护

安排镇、村两级干部,配强人员力量,对历年改厕工作开展"回头看"摸排整改工作,做好问题台账,合理制订整改实施方案,有序推进问题整改落实。建立一村一档案,管理辖区内农村"厕所革命"后期工作。

二、农村生活污水治理

(一)农村生活污水处理模式

1. 城乡统一处理模式

城乡统一处理方式是指邻近市区或城镇可铺设污水管网的村落,当污水收集后接入邻近的市政污水管网,由城镇污水处理厂统一处理。该方式在村庄附近无需就地建设污水处理站,具有较高的经济性。但对村落条件要求高,适用于 2 种类型的村庄:一是村落内市政污水管道直接穿过;二是生活污水可依靠重力流直接流入市政污水管网,且距离市政污水管网 5 千米以内的城市近郊村庄。有些学者认为,在合理的条件下城乡统一处理最具经济性,农村生活污水处理应按照"集中收集污水接入城镇污水管网处理—集中收集污水就地处理—分散处理"的次序进行选择。相比于其他模式,城乡统一处理的优势在于处理效果最具保证,水量水质变化对工程影响小，工程生命周期长，管护方便等，但是一旦村庄距离市政管网较远或是村庄人口较少，城乡统一处理将产生很高的管道建设费用从而不经济，使这种模式仅局限于距离市政污水管道较近的农村地区。

2. 村落集中处理模式

村落集中处理模式针对村庄农户居住集中、全部或部分具备管网铺设条件的村落，也是我国农村生活污水处理中普遍应用的方式，通过在村庄附近建设一处农村生活污水处理设施，将村庄内全部污水集中收集输送至此就地处理。就我国广大农村区域而言，某些村落生活污水无法集中纳入市政管网，村落之间呈连片或独立分散分布，地势平坦，人口居住较为集中，该方式能够满足现阶段大部分需要建设处理工程的村落特征，成为当前国内外处理生活污水的新理念。该模式需要一定的基建费用以及日常维护工作，适用于距离城市管网较远的农村居民集中居住地和居民小区生活污水的收集和处理。

3. 农户分散处理模式

农户分散处理模式主要针对当前无法集中铺设管网或集中收集处理的村落，在这种情况下对污水处理有2种方式：一是在农户自家庭院内建设污水处理设施或采用移动污水处理车进行污水处理，从而达到净化水质的目的。这种处理方式适用于居住较为分散的山区，由于农户居住分布较远，管网建设费用较高，加上村落规模较小，仅由几户构成，且邻近没有污水处理站。二是运用污水运输车将农户污水统一输送至就近污水处理站。这种方式适合在附近具有污水处理站的农户，虽然无法铺设管网，但是可联合其他农户集中处理污水。

（二）农村生活污水处理技术

1. 化粪池技术

化粪池是一种利用沉淀和厌氧微生物发酵的原理，以去除生活污水中悬浮物、有机物和病原微生物为主要目标的小型污水初级处理构筑物。化粪池技术是农村最普遍的一种分散污水处理技术（初级处理）。

化粪池可作为临时性或简易的排水措施，亦可用作污水处理系统的预处理设施，对截流和沉淀污水中的大颗粒杂质，防止污水管道堵塞，减少管道埋深起到积极作用。同时，池底沉积的污泥可用作有机肥。

2. 沼气池技术

农村沼气池技术是以农作物秸秆、人畜粪便、农村生活污水等为发酵原料，在一定温度、湿度、酸碱度及厌氧发酵条件下，通过微生物作用将有机物质（碳水化合物、脂肪、蛋白质等）消化分解，生成沼气、沼液和沼渣的过程，达到污水净化、资源化利用的目的。

3. 土地渗滤处理系统

土地渗滤处理系统是一种经过人工强化的污水生态工程处理技术，它充分利用在地表下面的土壤中栖息的土壤动物、土壤微生物、植物根系以及土壤所具有的物理、化学特性将污水净化，属于小型的污水土地处理系统。

4. 人工湿地处理技术

人工湿地是在一定长、宽比及底面具有坡度的洼地中，填装砾石、沸石、钢渣、细沙等基质混合组成基质床，床体表面种植成活率高、吸收氮磷效率高的芦苇等水生植物，污水在基质缝隙或者床体表面流动的、具有净化污水功能的人工生态系统。

5. 污水生物处理技术

污水生物处理过程是指利用微生物的新陈代谢把污水中存在的各种溶解态或胶体状态的有机污染物转化为稳定的无害化物

质。按照污水处理生物反应器中微生物的生长状态,污水生物处理技术可分为以活性污泥为代表的悬浮生长工艺和以生物膜法为代表的附着生长工艺。

三、农村生活垃圾治理

(一)全面提升农村生活垃圾治理水平

1. 健全生活垃圾收运处置体系

根据当地实际,统筹县乡村三级设施建设和服务,完善农村生活垃圾收集、转运、处置设施和模式,因地制宜采用小型化、分散化的无害化处理方式,降低收集、转运、处置设施建设和运行成本,构建稳定运行的长效机制,加强日常监督,不断提高运行管理水平。

2. 推进农村生活垃圾分类减量与利用

加快推进农村生活垃圾源头分类减量,积极探索符合农村特点和农民习惯、简便易行的分类处理模式,减少垃圾出村处理量,有条件的地区基本实现农村可回收垃圾资源化利用、易腐烂垃圾和煤渣灰土就地就近消纳、有毒有害垃圾单独收集贮存和处置、其他垃圾无害化处理。有序开展农村生活垃圾分类与资源化利用示范县创建。协同推进农村有机生活垃圾、厕所粪污、农业生产有机废弃物资源化处理利用,以乡镇或行政村为单位建设一批区域农村有机废弃物综合处置利用设施,探索就地就近就农处理和资源化利用的路径。扩大供销合作社等农村再生资源回收利用网络服务覆盖面,积极推动再生资源回收利用网络与环卫清运网络合作融合。协同推进废旧农膜、农药肥料包装废弃物回收处理。积极探索农村建筑垃圾等就地就近消纳方式,鼓励用于村内道路、入户路、景观等建设。

【相关链接】

河北曲阳:一家一户做起 村庄越来越美

2018年以来,全县18个乡镇367个村庄实现农村生活垃圾收运体系全覆盖;共出动48 570人次和8 224台次车辆,排查整治公路两侧违建743处、垃圾死角570个、废弃或破损广告牌匾6 737处,清运垃圾43 200余吨;建立了环境卫生评比"红黑榜",每月一评。

盛夏时节,曲阳县定龙公路沿途村庄街道干净整洁,墙下簇簇鲜花争奇斗艳,墙上孝道文化、成语典故等绘画与花草融为一体,构成一道道亮丽风景线。

2018年以来,曲阳县以建设美丽宜居村庄为目标,以农村垃圾清运、村容村貌提升、厕所粪污治理等为重点,动员多方力量,整合多种资源,统筹推进农村人居环境整治工作,使环境持续改善,农村焕发出勃勃生机。

把好垃圾收运"第一关"——根治乡村环境顽疾

"每家每户、每条街道都变得干净整洁,再也看不到成堆的垃圾啦!"说起文德镇慈村的现状,村保洁员王中章不禁感慨:3年前,慈村垃圾堆、垃圾沟、垃圾坡等问题严重,垃圾乱倒、粪便乱堆、柴草乱飞……那时,真是垃圾围了村。

环境美不美,垃圾处理是"第一关"。2018年,曲阳县决定推行"户分类、村收集、乡转运、县处理"的农村生活垃圾收运模式。截至2021年,全县18个乡镇367个村庄实现农村生活垃圾收运体系全覆盖,运行状况良好。

为把好农村生活垃圾收运"第一关",曲阳县将贫困家庭有劳动能力成员吸纳为卫生保洁员,定时打扫街道和收集生活垃圾。王中章就是其中一员。

为让农村生活垃圾收运模式规范运行，曲阳县制订了系列专项方案，建立县、乡、村三级监管机制，组建15个督导小组对各乡镇分片逐村检查。一旦发现前端保洁不彻底、中转收运不及时和终端处理不规范等情况，会及时反馈给相关责任方立即整改。

农村生活垃圾实现了清理常态化，但仍有一些卫生死角，以及破坏村容村貌的行为。对此，曲阳县通过持续开展城边、村边等"六边"整治活动，解决乱搭乱建、乱写乱画等"六乱"现象，推进乡村环境美化。

曲阳县安排部署18个乡镇和城管执法、交通、水利等相关部门，对各村周边垃圾、杂草、残垣断壁等全面摸清底数，持续推进清理整治；加大国省干道、县乡道路两侧整治力度，对乱搭乱建、乱摆乱卖、乱堆乱放等进行综合整治，限期整改到位，提升沿线绿化美化水平；对河道沟渠进行整治，抓好水面漂浮物、河边垃圾等清理整治，严禁周边群众向河道倾倒垃圾。

截至2022年，曲阳县共出动48 570人次和8 224台次车辆，排查整治公路两侧违建743处、垃圾死角570个、废弃或破损广告牌匾6 737处，清运垃圾43 200余吨。

如今，水清了，路净了，墙上有画，墙下有花，村庄美得像幅画。

每月一评"红黑榜"——激发群众参与积极性

"广大村民请注意，咱们本月的环境卫生评比'红黑榜'出来了，贴在村委会的公示栏上。这次大家全部登上了红榜，希望再接再厉！"7月15日，北台乡红岗村的大喇叭一响，公示栏前就围满村民。

"有'红黑榜'比着，家家户户争着上红榜，谁也不好意思乱扔垃圾了。"红岗村党支部书记庞同朝说，现在街道上有个树枝、枯草、塑料袋啥的，孩子们都知道捡起来扔垃圾桶里。

为保持环境卫生常态化，曲阳县建立了环境卫生评比"红黑榜"，督促群众把自家的环境卫生搞好，把人居环境整治当成"自己的事"。

"红黑榜"每月一评，对环境整洁、秩序良好的农户在红榜公布，进行褒扬；对垃圾乱倒、秩序凌乱的农户在黑榜曝光，公开批评。评比结果出来后，村干部还要入户做沟通工作，敦促上黑榜的村民向上红榜村民看齐。一天后进行复查，整改好上红榜，整改不到位继续留在黑榜。

"村东头的垃圾桶满了，快来收吧""坑边倒了一车建筑垃圾，堵了半条路"……在范家庄乡王家庄村，村民只要发现环境问题，会立即发到该村微信群内。

曲阳县利用村庄微信群，鼓励群众主动"亮家丑"，推动环境问题及时解决，形成了"随手拍，人人管，环境问题群里见"的良好氛围。

曲阳县将每月25日定为全县"志愿者活动日"，全县党员干部和志愿者围绕净化农村人居环境，开展不同主题的志愿服务活动，为美丽乡村建设贡献力量。广大党员干部和志愿者以实际行动，带动更多人加入维护乡村环境的队伍中来。

此外，曲阳县还充分利用红马甲、红帽子和红条幅、大喇叭、宣传单等方式，开展改善农村人居环境宣传，把发动群众、组织群众、服务群众贯穿农村人居环境整治全过程，形成人人自发清洁环境、人人主动呵护环境的良好氛围。

建起品质农家院——让好环境变成好"钱景"

走进孝墓镇孙家庄村，水泥道路干净整洁，花园花香四溢，街角菜园生机盎然。

然而，在村民闫巧梅的记忆中，以往，孙家庄村并非这样美:"以前,山上乱砍滥伐、乱挖乱采,村里垃圾和柴草乱堆,环境真是脏乱差。"

近年来,孙家庄村依托庄子河水库推进山区综合开发,建立西旦沟、庄子河两个省、市级农业综合示范园区,发展林果、养殖经济,村庄及周边山体环境大为改观。

接着,该村又利用紧邻孝墓水库、桃花泉、桃花谷、桃花峪等旅游景点的优势,打造宜居宜业宜游的美丽乡村。村民们办农家乐、卖土特产、到景点打工,人均年收入从不到2 000元跃升至6 000元,实现经济效益和环境效益双赢。

曲阳县山多,山区面积占全县三分之二。与平原农村相比,山区农村地形崎岖、偏远闭塞,整治起来难度更大。该县结合当地实际情况分类施策,整合发掘资源,让群众在农村人居环境整治中增收获益。

范家庄乡虎山村依托虎山旅游景区,大力建设美丽乡村。"我们将村周边荒山荒地全部绿化,村内街道、庭院应绿则绿,全村林木覆盖率60%以上,形成村在林中、人在绿中,三季有花、四季有绿的乡村画卷。去年,虎山村获评'中国美丽休闲乡村'。"虎山村党支部书记田进好介绍说。该村还建设了一批美丽庭院和品质农家院,大力发展庭院经济,不仅扮靓了村庄,提升了景区品质,也丰富了景区配套,吸引了大批游客前来体验消费,"今年'五一'小长假期间,全村接待3.5万多名游客,吃上旅游饭的村民们赚了个盆满钵溢"。

青山绿水间,清新亮丽的农家庭院错落有致,洁净宽敞的乡村道路四通八达,设施齐全的文化广场上欢声笑语……一幅美丽乡村画卷正在曲阳大地徐徐展开。

（二）农村生活垃圾处理技术

1. 卫生填埋技术

卫生填埋是指利用工程手段，采取有效技术措施，防止渗滤液及有害气体对水体和大气的污染，并将垃圾压实减容至最小，且在每天操作结束或每隔一定时间用覆盖材料覆盖，使整个过程对公共卫生安全及环境均无危害的一种填埋处理方法。

2. 垃圾焚烧技术

焚烧技术是生活垃圾处理的有效途径之一，是指将垃圾作为固体燃料送入垃圾焚烧炉中，生活垃圾中可燃成分在 800~1 200℃的高温下氧化、热解而被破坏，转化为高温的燃烧气和少量性质稳定的固体废渣的一种技术。

3. 垃圾堆肥处理技术

垃圾堆肥处理是指在控制条件下，通过细菌、真菌和其他生物体使有机垃圾从固态有机物向腐殖质转化，最后达到腐熟稳定、成为有机肥料的过程，这个过程一般伴随有微生物生长、繁殖、消亡和种群演替等现象。

采用堆肥技术处理生活垃圾时，是利用氧气的一种分解过程。该过程一般是在有氧和有水的情况下，对生活垃圾进行分解，它的分解过程可以简单表示为：有机物质+好氧菌+氧气+水→二氧化碳+水（蒸汽状态）+硝酸盐+硫酸盐+氧化物。从这个过程可以看出，垃圾堆肥是需要消耗氧气的。

4. 厌氧消化处理技术

厌氧消化处理技术是指以农村有机生活垃圾作为主要原料，使其在严格的厌氧条件下经过水解、酸化、产氢产乙酸、产甲烷四个阶段，以沼气作为最终产物的一种技术。

5. 其他垃圾处理新技术

（1）蚯蚓堆肥技术

蚯蚓堆肥技术是指在微生物的协同作用下，利用蚯蚓本身活跃的代谢系统将垃圾废料分解转化，形成可以利用的土地肥料。使用的蚯蚓主要有正蚓科和巨蚓科的几个属种。该技术成本低、成效高，废物可再利用，有助于丰富资源。采用这一技术时，在完成垃圾处理的同时，还可将蚯蚓作为科研产物进行研究，挖掘更好的用途。该技术有一定的科技含量，在正确的指导下能推广利用。

（2）垃圾衍生燃料技术

垃圾衍生燃料技术是指对垃圾进行破碎筛选得到以可燃物为主体的废物，或者将这些可燃物进一步粉碎、干燥制成固体燃料。该技术有许多优点，比如由于粉碎混合均匀，燃烧完全，热值大，燃烧均匀，燃烧产生的有害气体和固体烟雾少。但采用这种技术时，燃烧会产生温室气体和一氧化碳，所以虽有应用前景，但需要进行改进研究。

（3）气化熔融处理技术

该技术将生活垃圾在600℃的高温下热解气化和灰渣在1 300℃以上熔融这2个过程有机结合。农村生活垃圾热解后可产生可燃的气体能源，垃圾中未氧化的金属可以回收。热分解气体燃烧时空气系数较低，能大大降低排烟量，提高能源利用率，减少氮氧化物的排放。这种技术可最大限度地进行垃圾减量、减容，具有处理彻底的优点。但是，该技术能源消耗量大，需要组织集中处理，因此在农村推广使用不太现实，需要政府提供资金支持。

（4）高温高压湿解技术

农村生活垃圾湿解是在湿解反应器内，对农村生活垃圾中的可降解有机质用湿度为433~443开尔文、压力为0.6~0.8兆帕的蒸汽处理2小时后，用喷射阀在20秒内排除物料，同时破碎粗大物料并闪蒸蒸汽，再用脱水机进行液固分离。湿解液富含黄腐酸，可用于制造液体肥料或颗粒肥料。脱水后的湿物料可用干燥机进行烘干到水分小于20%，过筛，粗物料再进行粉碎。高温高压湿解的固形物质可作为制造有机肥的基料，湿解基料富含黄腐酸。高温高压水解法处理农村生活垃圾由垃圾分选系统、垃圾水解系统、垃圾焚烧系统、制肥自动控制系统组成，具有垃圾分选效果好，运行成本低，有机物利用率高，无需添加酸性催化剂，避免了对环境产生二次污染等优点。这说明了高温高压湿解法处理农村生活垃圾具有可行性。

（5）太阳能—生物集成技术

该技术是利用生活垃圾中的食物性垃圾自身携带菌种或外加菌种进行消化反应，应用太阳能作为消化反应过程中所需的能量来源，对食物性垃圾进行卫生、无害化生物处理。在处理过程中利用垃圾本身所产生的液体调节处理体的含水率，不但能够强化厌氧生物量，而且能够为处理体提供充足的营养，从而加速处理体的稳定，在处理过程中产生的臭气可经脱臭后排放。当阴雨天或外界气温较低时，它能依靠消化反应过程中产生的能量来维持生物反应的正常进行。

四、村容村貌提升

（一）改善村庄公共环境

全面清理私搭乱建、乱堆乱放，整治残垣断壁，通过集约利用村庄内部闲置土地等方式扩大村庄公共空间。科学管控农村生产生活用火，加强农村电力线、通信线、广播电视线"三线"维护梳理工作，有条件的地方推动线路违规搭挂治理。健全村庄应急管理体系，合理布局应急避难场所和防汛、消防等救灾设施设备，畅通安全通道。整治农村户外广告，规范发布内容和设置行为。关注特殊人群需求，有条件的地方开展农村无障碍环境建设。

(二) 推进乡村绿化美化

深入实施乡村绿化美化行动,突出保护乡村山体田园、河湖湿地、原生植被、古树名木等,因地制宜开展荒山荒地荒滩绿化,加强农田(牧场)防护林建设和修复。引导鼓励村民通过栽植果蔬、花木等开展庭院绿化,通过农村"四旁"(水旁、路旁、村旁、宅旁)植树推进村庄绿化,充分利用荒地、废弃地、边角地等开展村庄小微公园和公共绿地建设。支持条件适宜地区开展森林乡村建设,实施水系连通及水美乡村建设试点。

(三) 加强乡村风貌引导

大力推进村庄整治和庭院整治,编制村容村貌提升导则,优化村庄生产生活生态空间,促进村庄形态与自然环境、传统文化相得益彰。加强村庄风貌引导,突出乡土特色和地域特点,不搞千村一面,不搞大拆大建。弘扬优秀农耕文化,加强传统村落和历史文化名村名镇保护,积极推进传统村落挂牌保护,建立动态管理机制。

第六章　农村社会风气建设

第一节　涵育良好家风

一、家风的基本内涵

（一）家风的内涵

家风，由"家"和"风"组成。"家"，首先是社会最小构成单位，即家庭，包括祖父母、父母、夫妻、兄弟姐妹、子女、孙子孙女等主要成员，人数较少，由血亲和姻亲关系将这些人联系起来，身份明确，并且居住在一起，形成固定的小群体。从空间上说，"家"是一个小的生活空间；从人员上看，"家"里的人员数量较少；从关系上分析，组成成员之间有共同的亲缘关系，有确定的身份，通常是夫妻有义、长幼有序，身份有别。在这样的场域内，家庭内部成员会在长辈的领导、指导下，对相应事项形成外在的态度、举止，并在家长的教导下，把相关良好的态度举止保持下来，长期坚持，久而久之化为礼节，代代相传，形成一种家庭中普遍存在的风气，和共同遵循的习惯，这也就是"风"所体现的意义，即风气、风格。如从古到今，各个家庭都体现出最基本的饱含着基本行为礼节和道德要求的"父慈子孝、兄友弟恭"的家风；更有特别家庭，如梁启超、傅雷等家庭的特殊家风，以及老一辈无产阶级革命家周恩来家庭的"十条家规"、陈云家庭的"三不准"、习仲勋家庭的"舍小家顾大家"等红色革命家庭家风。

(二) 家风的特征

家风具有传承性、多样性、时代性、实践性。

1. 传承性

中华5 000年传统文化博大精深,源远流长,家风经过一代代传承,与时俱进。家风的不断传承是一个去粗取精、辩证吸收的过程,对于积极向上符合主流价值观的家风要不断继承发扬,如诚信友善、勤俭持家、爱国敬业等;对于消极腐朽的家风内容要果断摒弃,如重利轻义、背信弃义、铺张浪费等。好的家风经过时间的沉淀历久弥新,在新时代焕发新的时代朝气与活力,靠的是一代代人的传承与坚守。

2. 多样性

中国地域广阔,由于家庭结构、家庭背景、家庭成员学历不同,家风呈现多样化的特征。家风的形成与家庭成员尤其长辈的品德修养和家庭的文化氛围密切关联,各家有各家的家风,有的家风是小气贪婪、见利忘义;有的家风是尊老爱幼、勤俭持家;有的家风是礼义廉耻、诚实守信。在多样性的家风熏陶下,家庭成员会受到不同的影响,好的家风对个人成长起到促进作用,不好的家风对个人的成长甚至社会的风气都会产生负面影响。

3. 时代性

家风与社会紧密相连,在历史上的不同阶段家风表现的内容是不同的。家风在一定程度上是对当时的经济、政治、文化的反映,不同时期的家风体现当时社会的精神风貌。新时代的家风内容与倡导的社会主义核心价值观相辅相成,因此家风具有时代性特征。

4. 实践性

家风来源于家庭中,最终在家庭成员的实践中体现,指导人们做人做事的方方面面。家风产生于家庭的日常生活中，在家庭成员间的日常交流沟通、为人处世、家庭教育等方面体现。比如：长辈对子女的日常行为给予教导，灌输给家庭成员正能量的东西，帮助子女树立正确的人生观、价值观，激发子女内心善良友爱，教给他们正确的做人做事方法，在生活中让他们自行实践感悟等。

二、家风的载体

（一）家风以家规的形式呈现

家有家规，国有国法。家规是一种规定，由于家庭结构成员性格不同，每个家庭有每个家庭的规矩，家规是一种规定。通过家族长辈订立的具体文字规范家庭成员的言行举止，是家风的一种呈现形式。

（二）家风以家训的形式传承

家训是中国传统文化中的一种存在形式，对个体、家庭及整个社会的发展都起到重要作用。家训是指家族长辈身体力行通过多年的人生阅历、经验总结教导子孙后代为人处世、修身治国、安家乐业的谆谆教诲。《颜氏家训》一书推出对后世影响深远，教导子女把读书做人作为家训的核心，随着时代的不断发展，到如今该书依然具有丰富的教育意义。

三、新时代家风倡导的主要内容

（一）修身立德，知行合一

古人讲自身做到修身立德，行动上做到知行合一。我国家庭组织自古以来是以血缘为纽带联结的，祖祖辈辈几世同堂，父母与孩子有很深的情感。中国的许多父母尽心尽力为孩子包揽好一切事务，从孩子一出生到孩子结婚成家的这段时间，父母总是把最好的留给孩子，一味地付出，以这种方式培养出来的孩子容易行为懒散，缺乏自律性与独立意识。要适度借鉴国外教育孩子的方式，从小培养青少年独立思考、自立自强的意识，遇到困难不退缩。年轻一代既要努力学好专业知识，提高品性，练就一身本领，又要通过努力干出一番事业，在新时代修身立德，实践好知行合一的理念。

（二）乐善好施，诚实守信

乐善好施、诚实守信是一个人高尚品德修养的体现，也是中华民族传统美德的重要内容之一。如今百年老字号店越来越少，究其原因是一些商家缺乏诚实守信这一重要素质，形成商家欺骗消费者，消费者投诉商家的恶性循环。新时代需要好家风的引领，其中乐善好施、诚实守信是重要的一环，要求每个人都做到这一点，人与人相处最重要的是相互信任。小到家庭大到国家，从国家层面论述，乐善好施诚实守信是一个国家外交的象征，当其他国家有难时，中国积极伸出援手体现的是中国的乐善好施与大国担当；"一带一路"倡议、构建人类命运共同体体现出中国的诚实守信与平等互助，使中国的大国形象在世界大家庭中充分彰显。

（三）孝亲爱幼，爱国守法

百善孝为先，孝不仅指子女对父母生理和心理上的关怀与孝顺，还体现在行动上。但是随着生活节奏的加快，当代一些年轻人开始逃避责任。新时代家风要加强孝亲爱幼内容方面的宣传教育。孝亲爱幼与爱国守法是相辅相成的，一个人只有做到对亲人孝顺尊敬，才能做到对国家拥护热爱，有赤诚之心。将孝亲爱幼、爱国守法纳入新时代家风建设的内容刻不容缓。

（四）勤俭节约，和睦齐家

勤俭节约、和睦齐家一直是中国家庭所倡导的。勤俭节约一向是中华民族的传统美德,在家中家长经常教导孩子,要珍惜粮食不能随意浪费。和睦齐家,以和为贵,家是每个人的避风港。家和万事兴,只有家庭成员间和睦相处、相互关爱,才能建设出幸福美满的小家庭,小家庭建设好了社会这个大家庭自然就建设好了。以勤俭节约、和睦齐家作为新时代家风建设的内容,营造和谐友爱的家庭氛围。

四、良好家风文化的建设

从多角度有效开展家风文化建设,以社会主义核心价值观为统领,继承与发扬家风文化,发挥家庭育人功能,促进乡村精神文明建设,实现乡风文明,才能为实施乡村振兴战略提供强大的精神力量。

(一)践行社会主义核心价值观

社会主义核心价值观内涵丰富,对国民教育、精神文明创建、精神文化产品创作具有引领作用,是培育文明乡风、良好家风、淳朴民风的有效途径。我们要把家风文化建设与践行社会主义核心价值观融合起来,不断激发农民群众的家国情怀,牢牢占领农民思想文化阵地,在落细落小落实上奠定家风文化建设的厚德基础,发挥好家庭教育功能,提高乡村社会文明程度。

一是要进行爱国主义教育,通过文化讲堂、农民夜校等渠道,组织农民群众学习习近平新时代中国特色社会主义思想,广泛开展社会主义核心价值观和实现中华民族伟大复兴的中国梦宣传教育,用中国特色社会主义文化、社会主义思想道德牢牢占领农村思想文化阵地。要让农民了解我国过去的历史,引导农民树立"天下兴亡匹夫有责"的爱国主义思想。

二是要进行集体主义教育,要教育农民群众关心集体,在乡村发扬助人为乐的集体主义精神,推动农村学雷锋志愿服务制度化、常态化。

三是要普及科学文化常识教育，清除封建思想和不良文化的影响，提升农民的科学文化素质。

四是要进行优良传统教育，教育农民勤俭持家、艰苦奋斗、富不忘本，正确处理好积累和消费的关系，反对极端个人主义、享乐主义和拜金主义，引导群众把富余资金用到扩大再生产和科技文化教育上。

五是要进行诚信教育，增强农民群众诚信意识。

六是要引导家校互动，未成年人的思想工作要从小开始，从家庭开始。把优良家风文化引入课堂，发掘传统家风文化内涵，守护传统美德。

(二) 发挥村级党员干部带头作用

"村看村，户看户，群众看党员，党员看干部"形象地概括了村级党员干部的带领示范作用，乡风文明需要农村党员干部带领群众扎实推进家风文化建设。在乡村家风文化建设中，党员领导干部更应该做好表率，用一言一行影响乡村最广大的人民群众，从方方面面做家风文化建设的"领头雁"。

一要带头抓好家风，自觉带头端正自己的言行，继承和弘扬良好家风，在家庭内部形成家和万事兴、忠厚传家久、百善孝为先的良好氛围，注重为人处世、修身劝学、理家育子、和亲睦邻之道，做家风建设的表率。

二要立好家规、整好家风、管好家人，教育亲属子女树立遵纪守法、艰苦朴素、自食其力的良好观念，真正肩负起从严管家、从严治家的责任，为村民做表率。

三要注重社会公德，维护公共卫生，爱护公共环境，遵守公共秩序和规则，在工作生活、社会交往、公共场所、网络空间、旅游出行等各个方面崇德尚礼、知行统一。

四是要有良好的职业道德，爱岗敬业，担当有为，为村民做好事，办实事，还要做到廉洁修身。

（三）制定村规民约

乡村家风文化建设是一项长期性、系统性工程，必须从固本谋远的高度来开展。乡村治理要自治、法治、德治共同发挥作用，以德治理更要融入文明公约、村规民约、家规家训，要把村规民约与家风家训结合起来，在家庭内外共同提升乡村社会精神风貌。

一要指导农村普遍制定或修订村规民约。强化党组织的领导和把关，以法律法规为依据，规范完善村规民约。激发全体村民的参与意识，通过广泛征集、民主评议的方式制定体现出本土人情特色的村规民约，确保制定过程、条文内容合法合规，提倡把喜事新办、丧事简办、弘扬孝道、尊老爱幼、扶残助残、和谐敦睦等内容纳入村规民约。通过村规民约、家规家训"挂厅堂、进礼堂、驻心堂"，实现乡村文明整体提升。

二要制定合理的监督机制。建立健全村规民约监督机制，注重运用舆论和道德力量促进村规民约有效实施，发挥红白理事会等组织作用，对违反村规民约，如婚丧大操大办、高额彩礼、铺张浪费、厚葬薄养等不良习俗和行为，在符合法律法规前提下运用自治组织的方式进行合情合理的规劝、约束。尤其要破除丧葬陋习，树立殡葬新风，推广与保护耕地相适应、与现代文明相协调的殡葬习俗。同时要求地方对农村党员干部等行使公权力的人员，建立婚丧事宜报备制度，加强纪律约束。

（四）发挥道德模范引领作用

深化拓展群众性精神文明创建活动，推出一批农村精神文明建设示范县、文明村镇、最美家庭，挖掘和树立道德榜样典型，发挥示范引领作用。

一要开展选树家风文化建设典型活动。要在乡镇村屯开展弘扬真善美的典型人物活动,唱响好人文化,推广美德善行,弘扬新风正气。大力开展文明村镇、农村文明家庭、星级文明户、五好家庭等创建活动,广泛开展农村道德模范、最美邻里、身边好人、新时代好少年、寻找最美家庭等选评活动,并形成成功经验。

二要线上线下宣传形成合力。家风文化建设不仅要体现在家庭教育中,优良家风典型还要在全社会广泛宣传,线上线下合力传播,突破传统家族村落有限范畴,运用多种形式广泛宣传道德模范典型事迹,展现忠、孝、仁、义、悌等优秀家风,在乡村社会掀起学习热潮,让优良家风文化走进千万家。

【相关链接】

以家风淳乡风　永川"民间力量"成乡村治理新思路

在永川何埂镇仓宝村,"苏源"已悄然成为家风传承和文化教育之地。每逢春节、清明、寒暑假,"新乡贤"苏祖才在这里开课。

近年来,重庆市永川区抓住农村这个薄弱环节,以创建文明家庭为乡风文明建设"细胞工程"。大力弘扬乡贤文化,建设运行乡贤评理堂,找到一支加强和改进乡村治理的重要"民间力量"。

73岁的苏祖才便是这股力量之一。由基层群众通过"七步评选法"评选出的这位"新乡贤",在2017年给仓宝村带来了改变。

苏祖才回想刚退休回乡的几年里,"只认金钱不认感情,邻里和亲人关系不太好,对入驻的企业有敲一棒的想法"等现象在农村较为普遍,严重影响了民风,制约了一方发展。

2017年,苏祖才的"苏源"成为了何埂镇首批试建的6个乡贤评理堂之一。借着这个创新社会治理、加强基层思想政治工作、化解群众矛盾纠纷、维护社会和谐稳定的重要载体,他在每年春节村民出门务工前举办有针对性的法制宣传和家风教育;在建军节举行了退役军人座谈会,为大家"讲家风"同时提供免费午餐;他还到就近就业的乡亲家里摆"龙门阵"……

一年来,苏祖才走进乡亲家里讲孝老爱亲、兄弟情深、讲"远亲不如近邻"20多次;帮助乡亲"解疙瘩"10多个。如今仓宝村的家风已经慢慢变化。

好家风是传家宝,乡贤文化也应代代相传。谈到从事乡村公益事业的初衷时,苏祖才说"忠孝诚信、仁义道德"是苏家祖训,他乐意为当地百姓做实事、办好事。"苏源"便是2014年他用养老钱在自家老屋旧址上修建起来。

20世纪80年代,他又把"文明勤奋、求实创新"增添为家风用来教育子女。近年来,苏祖才又把"见贤思齐、诚信重义、崇德尚法、爱国爱家"作为家庭美德教育的内容。在"苏源"开设了梦想课堂,为寒暑假放假在家的孩子们及何埂中学、聚美小学、重庆文理学院学生们宣讲家庭美德。用苏祖才的话说:"现在的孩子独生子女多,缺感恩情怀,需要家风教育。"

苏祖才只是永川1 000多个"新乡贤"的缩影。临江镇的陈久述,半年时间成功调解各类纠纷90余起,作为派出所协勤,他两度被永川区公安局评为先进个人;获得过永川区"十佳"人民调解员。他还给每次纠纷写了打油诗,如此生动的"家风教育"让人记忆深刻;黄泽兵先后荣获"永川好人"及"感动永川十大人物"荣誉称号,是村民们称颂的道德典范,更是农业机械专家、种粮能手、致富带头人。

据悉,永川共有100多个乡贤评理堂,已经实现乡镇全覆盖。永川通过乡贤评理堂的建设运行，探索出了一条"以人评理、以事明理、以理服人"的乡村治理新思路，使乡贤评理堂"评"出了好家风。

第二节 培育文明乡风

一、乡风的基本内涵

（一）乡风的内涵

"乡风"一词从字面上理解应该是乡村的风气、风俗。《汉典》解释为：乡里的风俗；地方风俗。"风气"，即风尚、习气，指社会上或某个集体中流行的爱好或习惯。"风俗"则是特定社会文化区域内历代人们共同遵守的行为模式或规范。无论是作为集体爱好的风气，还是特定区域的风俗，风俗和风气都包含看得见的行为模式（方式）和以理念形式存在的行为规范两层内涵。乡风作为一种习惯、风尚和爱好，既是特定乡村内的人们在经年累月中沉淀下来的一种行为方式，也表现为这些行为方式背后的乡村成员的文化和价值观念。该地区人员群体的文化内涵和价值观念是该地区乡风得以形成的根本内在，而乡风所表现出来的习惯和风尚则是文化内涵和价值观念的具体体现；而且通常情况下，这种习惯和风尚经过相互作用还会对该地区群众形成无形的社会约束和行为规范。因此，乡风应该是一种在特定乡村地理人文环境下长期积累形成的、群体文化内涵和价值理念在行为上的具体体现，它具有规范性特征，包括"风气"和"风俗"两个部分。

具体而言，作为"区域内历代人们共同遵守的行为模式或规范"的"风俗"，主要包括宗法风俗、节日风俗、婚姻风俗、丧葬风俗等几种类型。作为"集体中流行的爱好或习惯"的"风气",可以从个人对待自然、个人对待他人、个人对待社会、个人对待自我的行为方式和态度这几个方面进行分类;如在对待外物及自然的态度偏好上,是重义轻利还是拜金主义,是尊重自然规律还是漠视规律;在处理人与人关系的偏好上,是忠孝节义还是人情冷漠;在处理人与社会关系的偏好上,是个人主义还是集体主义,是遵纪守法还是损公肥私;在自我发展上,是安于现状还是勇于超越。而"风俗"与"风气"具有内在的联系性,由一个地区的风俗习惯能够体现出该地区的社会风气。如:节日习俗中对新年的祝福与祝愿,反映出追求美好生活和重视亲情的风气;宗法观念中的长幼尊卑,反映出处理人与人关系的社会风气;婚姻风俗反映出个性自由、责任意识或拜金主义等风气;丧葬风俗反映出尊老敬老或攀比之风;等等。

(二) 乡风的特征

乡风有以下4个特征。

一是群体性。乡风虽是指一定的日常思想和行为,但乡风不是指个人的思想行为,而是一种在特定群体环境下形成的群体思想意识和群体行为方式,这种意识和行为在聚居人群中往往已经得到广泛传播并被竞相模仿,且这种群体意识和群体行为所表现出来的并不是简单的群体行为,而是群体中每个人对于这种乡风认同且以此维护日常生活中的相互关系。

二是时代性。一个地区乡风的形成往往受当时的经济环境、政治环境、文化环境的作用和影响,虽然乡风在形成后的一段时期内具有一定的稳定性,但随着时代的发展和环境的变化,乡风的具体内容往往也会随之发生改变,比如近年来婚丧礼俗内容上的变化等。

三是规范性。乡风由于在特定群体中的广泛传播和竞相模仿，往往会形成一种特定地区社会的文化氛围，而这种文化氛围又往往能够影响社会生活的各个方面。因此，当一种乡风形成之后，由于大部分群众的认同，就会在该地区形成一种特有的价值评判方式，规范人们的思想行为，并具有一种隐含的强制规范性。

四是能动性。由于乡风的群体性和规范性特点，一种乡风一经形成，就会对该地区居民的行为规范和行为方式产生巨大的影响，它渗透于社会生活的各个方面，以舆论和价值评判等形式影响群体的观念和行为。因此，乡风对一个地区的发展具有强大的能动作用，好的乡风能够使人积极向上、艰苦奋斗，促进该地区的发展，但坏的乡风也有可能会使人好逸恶劳、贪图享乐，对该地区的发展产生不利影响。

二、文明乡风的基本内涵

（一）文明乡风的内涵

文明乡风的内涵不是固定不变的，随着社会的发展，社会对文明乡风的要求不断变化和提高，因此文明乡风的内涵也在不断地深化。

从农民的角度来看，文明乡风包括以下几点。第一，乡风民风淳朴，邻里关系和谐，这是文明乡风的一个具体外在表现。在农村，邻里关系往往直接影响着一个村子的乡风。和谐的邻里关系减少了农村各种矛盾和冲突，使农民生活得更加称心如意，不会被邻里间的琐事所扰。同时，和谐的邻里关系还可以带动全村形成互帮互助的良好风气，这就是农民心目中所期待的乡风。第二，农村社会风气好，没有偷盗、赌博、打架等不良现象。偷盗是农村存在的最主要的不安定因素，对农民正常的生活造成很大困扰，所以农民心中的文明乡风就是没有偷盗现象。赌博是影响家庭和谐的一颗定时炸弹，给农民带来经济负担，所以文明乡风就是要消除这种现象，使人们选择健康向上的娱乐方式。另外，村民之间和睦友善，没有聚众斗殴等现象。第三，村民素质得到整体提升，相信科学和法律。封建迷信思想在农村根深蒂固，没有得到完全剔除，而且在生活水平提高后还有抬头之势。乡风文明就是农民相信科学，逐步减少封建迷信活动直至剔除封建迷信思想。同时农民科学素养提高，并且学习了一定的法律知识，懂法、守法、用法。第四，农村社会环境得到改善。脏乱差不是农村的代名词，新时代的农民对于文明乡风的理解是改变农村环境状况，形成宜居的美丽农村。农民会自觉维护农村环境，做到主动打扫公共区域，不对环境进行人为的污染和破坏。第五，干群关系和谐。干部和群众是平等的关系，干部是为群众服务的群体，群众也要积极配合干部的工作，共同进行乡村治理。在农民心目中，真正的好干部应该不摆官架子，切实解决群众遇到的问题，积极致力于乡村建设。

综上所述，所谓文明乡风，就是乡里或地方社会长期发展中形成的符合人类精神追求的、较高发展阶段的、能被绝大多数人认可和接受的、先进的风尚、礼节、习惯，以及人们政治上归顺或敬仰的社会状态的综合反映。

(二) 文明乡风的特征

从历史的传承来看，文明乡风是一个自然的、历史的演进过程。文明乡风反映了人们自身的现代化的要求，是人们物质需要和精神需要得到相对满足的体现，是一种健康向上的精神风貌。同时，文明乡风反映了时代的精神特征，是历史发展的要求。

从文化的结构来看，文明乡风是特定社会经济、政治、文化和道德等状况的综合反映，是特定的物质文明、精神文明和政治文明相互作用的产物。

从社会的管理来看，文明乡风建设也是一个复杂的系统工程，它涉及社会经济、政治、文化和道德建设的各个层面。

总之，文明乡风建设就是通过采取各种措施，改善农村乡风状况，形成文明乡风。它不是简单地全盘否定乡风现状，而是去粗取精，继承农村社会现存的积极乡风，对其中落后的、不文明的现象加以剔除。同时，还要进行创新，吸收别国文明乡风建设的有益经验，结合我国具体实际，有针对性地进行创新。总之，文明乡风建设就是要提高农民的思想素质，转变农民的生活方式，丰富农民的精神世界，拓宽农民的创收渠道，缩短城乡差距，增进农民的幸福感和获得感。

三、文明乡风在乡村振兴中的重要作用

文明乡风反映的既是国家现代化过程中同乡村的产业兴旺、生态宜居、治理有效、生活富裕一样的五项标准之一，也是农民自身提高素质、增强幸福感的需要。同时，它既是乡村振兴的重要内容，也是乡村振兴的重要推动力量。

（一）为乡村振兴提供智力支持和精神动力

振兴乡村的主体是农民，最终目的是农民素质的提高、乡村物质财富的增加和社区的整体进步。而形成良好的乡风，能帮助农民树立发展信心，改变落后思想观念，主动摒弃陈规陋习，正确处理富脑袋与富口袋的关系；能帮助农民提高思想道德水准和科学文化等各方面素质，凝聚人心、振奋精神、生发激情，为乡村振兴注入强大的精神动力。

（二）为完善农村基层民主建设奠定基础

农村基层民主指农村基层组织实行民主选举、民主决策、民主管理和民主监督以及村务和政务公开。这必须以农民具备民主意识和民主生活习惯为前提，必须以党组织集中统一领导下的民

主为遵循。只有促进乡风文明，才能不断提高广大农民的主人翁意识，使农民自觉遵守乡规民约，提高农民对社会公共事务的积极参与度，并形成办事民主的作风和依法办事的习惯，为推进农村基层民主政治建设打下坚实的基础。

（三）满足农民对美好生活的需要

追求科学文明健康的生活方式，渴望良好的人际关系和社会风气，希望生活在和谐安定、协调有序的社会环境，盼望享受到现代化文明成果，这是农民群体的一致追求和愿望。只有促进乡风文明，才能顺应农民群众的愿望，满足他们的精神需求，增强他们的精神力量，丰富他们的精神世界，促进作为农村主体的农民素质的提高和乡村的全面发展。

四、文明乡风的培育途径

新时代的文明乡风是现代与传统的融合、城市与乡村的融合、民族文化与世界文化的融合。文明乡风是乡村看不见、摸不着的软实力，如何培育文明乡风，要求在探索培育乡风文明路径时要以系统的、全面的、开放的、发展的目光来进行，不能就乡风论乡风。

（一）推动农村产业结构的转型升级，促进农业发展

"仓廪实而知礼节，衣食足而知荣辱"，经济发展为精神文明培育提供坚实的物质支持；生产方式还影响着劳动者的价值观念、思维模式。新时代乡风文明培育必须从乡村的生产方式入手，以先进的科学技术改变传统农耕方式，促进农业的发展。培育特色乡村产业，以政府为主导，对各乡村的农业资源进行整合配置，打造不同产业片区，突出农业特色，进行品牌化引导。

（二）鼓励村民参与乡村治理，创新乡村治理机制

要以基层党建来宣传社会主义核心价值观、社会主义先进文

化等，逐渐改变农民的落后封闭思想，发挥党员先锋模范带头作用，加强村干部的作风建设，带动乡风文明的建设。要成立农村公共组织，由普通村民参与，表达村民的公共利益诉求。改变当下乡村一些落后思想观念，引导更多村民整体地、公正地看待问题、解决问题。依托村民自治利用熟人社会的关系网络调解邻里矛盾，促进乡村和谐。

(三) 保护传统文化与营造现代文明相结合，打造乡村特色文化

充分利用传统优秀文化资源（传统美德、民俗、礼仪、非物质文化遗产等），倡导淳朴文明的生活风气，营造现代文明的生活方式。充分挖掘和发扬乡村传统文化中的精华，将其与现代文明相融合，在复兴传统、留住乡村韵味的同时，发展出创新、协调、生态、科学的新型乡村文化，以满足广大农民多样化的文化需求。弘扬传统乡村礼仪、秩序中的精华，挖掘不同村镇民风淳朴、道德典范的故事，重塑淳朴民风。引领乡风建设，将其文化引导作用与经济社会效益相结合。让村民在享有乡村原有优秀传统文化的同时，享受现代城市文明开阔村民视野。

(四) 宣扬文明美德，搭建公共文化平台

要充分依靠村民，充分调动村民参与乡村文化、乡风文明建设的主动性、积极性，激发村民文化自信。通过搭建公共性的文化活动平台，让村民自发地组织文艺活动，宣扬社会主义核心价值观、中华传统美德等，使村民在参与中深刻理解社会主义核心价值观。鼓励拥有民间技艺的优秀人才参与其中，创作宣扬新文化、新思想的花儿、秦腔等，让村民喜闻乐见的传统文艺融合文明新风的文艺活动感染村民。

(五) 提升农民素质，加强农村教育

教育是兴国利民之大计，新时代的乡风文明建设，需要提高

农民素质,才能确保该项工作的推进与成绩的显现,推动农村基础教育,提升农村科学文化水平。还要加强劳动技能教育培训,提升新型农民的劳动生产能力,利用新科技、新手段,创新农业生产模式。

(六)改善村民生活,建设生态宜居乡村

乡村本应是一个山清水秀的地方,但在长期过量开垦,过量使用化肥农药、燃烧柴草煤炭等破坏植被、污染环境,使乡村成为环境治理的重要对象。因此,要改善村容村貌、恢复乡村绿水青山,为农民创造生态宜居的环境。既要以美丽乡村陶冶人,又要将生态宜居与产业兴旺相结合,催生出新的经济效益。

第三节 净化社会风气

文明的生活方式是农村精神文明建设的重要内容和实现农村现代化的重要举措。尽管农村地区的生活方式日趋现代化,农民文明程度逐步提高,但依然存在一些落后的陈规陋习。

一、农村常见陈规陋习

(一)人情消费负担过重

在中国人的普遍观念里,"面子"比"里子"更重要,这种思想在农村更加普遍,"人情"成为人和人之间产生联络的重要方式。在农村依然存在"红白喜事"大操大办现象,普遍存在讲究排场、盲目攀比现象。婚宴上比谁家发的名酒名烟多,谁家的菜品昂贵,酒席动辄是三五天,一天几十桌。人们往往以礼金的多少来判定关系的远近和感情的深浅,也有人认为自己曾被迫送出的礼金得想方设法以各种名义收回来,以寻求心理上的平衡。有的人为了追求所谓的热闹,将恶俗的闹剧、丑剧带到婚礼

现场，完全不顾及他人的内心感受，瞬间让喜事变味。而举办葬礼也会攀比谁家的乐队规模更大、灵车更豪华，通常都是锣鼓震天、招摇过市，使得原本悲伤沉重的祭奠活动变得世俗化，徒增亲人的经济负担，同时也严重干扰了交通秩序和他人的正常工作和生活。不良的人情消费阻碍了精神文明建设的发展，种种婚丧陋习的存在，不仅造成了资源浪费，更给农民带来了沉重的经济负担。

(二) 赌博风气盛

在农村，村民的闲余时间较多，而可参与的文化娱乐活动又较少，最常见的消遣活动就是三五成群地打麻将和打扑克，赌博之风也十分盛行。村中棋牌室较多，不仅有一些"专业户"长期"战斗"在牌桌上，现场还会有很多观赌者，也不乏"职业化"的赌徒，他们把这项活动作为发财致富之路，在输光了钱之后不惜借高利贷再赌。有些棋牌室增加了端茶倒水、提供饭菜等服务，由此赌博的人在棋牌室待的时间也会更长。这些人沉迷在牌局之上，不仅给自己的家庭生活，也给农村社会的健康发展带来了严重的隐患。村民在村中赌博，有的人赌得很大，从而引发打架斗殴现象。由于赌博而忽视子女和家人，甚至对家庭不管不顾，造成家庭不和睦，邻里好友反目成仇也时而发生。因此引起的离婚、经济、刑事案件增多，严重影响了本地的和谐稳定和农村精神文明的建设。

(三) 农村孝道受到严峻挑战

孝文化是中国传统文化的精髓。中华民族自古被誉为"礼仪之邦""道德之乡"，尤其是对家庭道德中的孝道自古推崇。无论是《弟子规》还是"家书"都曾经在一定范围内倡导并树立良好的"家风"，提倡孝道。然而，随着农村生活节奏的加快和生活方式的转变，传统伦理中最核心的孝道已经变成一种"奢侈品"。这是一种社会进步,更是一种无奈。践行孝道不仅是为老人提供基本生活的物质保障,更重要的是要给予老人精神慰藉。虽然大部分子女为父母提供物质生活保障,但是对父母的情感关怀变得冷淡,常年不回家,无暇陪伴父母,即便是回到家中也沉迷于手机、网络,少有儿女能够主动陪父母聊天解闷。近年来,有关为推脱赡养义务兄弟姐妹相互推诿甚至虐待老人的报道屡见不鲜,虽然这只是个别现象,但这种愈演愈烈的趋势应当引起重视。

(四) 封建迷信思想侵蚀

迷信思想在我国自古就存在,过度迷信危害社会,对于思想觉悟较低的农民群体侵蚀性更大。随着社会的发展进步,农村信鬼神现象不再像旧社会那样泛滥,但仍有一定程度存在,主要表现在以下两方面。一是农村迷信活动盛行。改革开放以来,在国家尊重民风民俗、弘扬传统文化的背景下,由于农民自身的特点,对传统文化不能正确对待,农村迷信活动甚至出现"繁荣"景象,婚娶(用于祭神驱鬼)、购墓、建庙等方面开支渐高,请"阴阳先生""算命先生"等迷信活动时有发生。二是境外宗教在农村传播速度加快。部分农民在潜在的功利心理和迷信思想驱使下,对许多"洋宗教"产生了兴趣,一些迷信活动甚至给农民信众带来生活上的灾难。

(五) 扰乱治安因素增多

一是黑恶势力滋生。尽管我国党风、民风已经得到好转,但仍然存在黑恶势力无视法律法规、为非作歹、欺诈百姓等现象。更为严重的是,某些黑恶势力正在向政治领域渗透,破坏村"两委"选举,通过拉票贿选,谋取权力,成为"村霸"。他们无视国家法律法规,甚至做出坑害百姓之事。

二是邪教和宗族势力抬头。有些邪教组织和非法宗教活动隐形变身、变换花样,散布反动言论,搞乱农民思想,趁机蚕食农村阵地,甚至骗财骗色,愚弄群众。有的黑恶势力把自己作为宗族利益的代言人,打着维护宗族利益的旗号横行乡里,或者煽动本族群众以集体上访为名,冲击乡镇党政机关,影响农村基层党政工作的顺利开展。

三是盗窃、抢劫、诈骗时有发生。从盗窃家禽家畜、金银钱物等到盗窃国家公共物资,利用网络、传销、推销、集资等手段欺诈农民。

四是假冒伪劣、黄赌毒等丑恶现象影响恶劣。假烟、假酒、假奶粉、假疫苗,以及短斤缺两、卖淫嫖娼、赌博、吸毒等事件时有发生,个别原本民风淳朴的村子竟出现了村民群体性荣辱颠倒、逾越道德底线的现象,严重影响乡风文明建设以及社会的和谐稳定。

二、净化农村社会风气的途径

(一)倡导农村文明生活方式

倡导农村文明生活就要向农民宣传文明先进的生活理念,引导农民崇尚文明科学,从生产生活方式、文化娱乐方式、消费方式等方面向先进文明学习,摒弃陈规陋习。

首先,扩大农村地区科普文化宣传,开展针对农业生产的科学技术普及活动,宣传现代农业生产理念、推广先进农业生产设备、普及科学农业生产技术,从而改变目前农村较为落后的生产方式,在农村形成崇尚科学的思想理念,在生产生活中善于运用科学技术,促进农业生产更具现代化。

其次,引导农民选择文明的文化娱乐方式,加强农村地区文体娱乐基础设施建设,在有条件的地区集中建设村民文化广场、农村书屋等农民休闲生活场所,通过推动"全民阅读",倡导农民群众参与富有精神文化内涵的文化娱乐活动,减少直至消除以赌博为目的的打扑克、搓麻将等低俗的娱乐方式。

再次,倡导科学合理的消费方式。引导农民优化消费结构,培养农民阅读、学习习惯,提高教育文化娱乐类消费在农民整体生活消费中的比重。同时,鼓励合理消费,抵制铺张浪费,通过文化宣传栏、乡村电视广播等平台倡导合理消费,纠正盲目消费和恶意攀比之风。

最后,应该从生活习惯的细节入手,改变农村居民的不良生活习惯,比如对随地吐痰、乱扔垃圾的行为,采用"发现即教育"的方式进行教育和劝阻,通过宣传手册、宣传标语、电视、广播等手段,并结合一些实例进行宣传,如酗酒后因并发症住院、赌博引起家庭矛盾等真实事例,使村民从案例教育中切实认识到不良生活习惯的危害。宣传时要注意从具体的行为习惯入手,如饭前便后洗手、勤洗澡等,逐渐培养文明健康的生活习惯。在加强宣传工作的同时,也要注意农村卫生基础设施的完善,垃圾桶的安置、垃圾站的修建,都要当作乡风文明建设的重点工作去抓,完善的设施保障是实现农村地区生活习惯文明化的必要基础。

（二）弘扬传统美德,树立先进典范

弘扬传统美德要贴近实际、贴近生活、贴近农民群众。要紧扣农民群众的思想脉搏,最大限度地吸引群众广泛参与,引起群众的共鸣,以引导他们实现自我教育。第一,侧重点要与农村实际情况相结合。在农村地区,农民居住较分散,社会组织性较城市弱,道德风尚主要体现在个人道德和家庭道德层面,需要侧重宣传和弘扬以"孝道"为核心的个人美德和家庭美德。从"孝道"出发,树立个人道德和家庭道德观念。第二,方式方法要与农村地区相适应。农村地区道德氛围的营造有其特殊性,广播、电视、报纸、互联网等宣传渠道在农村地区道德氛围的营造中，难以引起农民群众的关注和参与，效果并不明显。农村地区培养个人道德和家庭道德，需要更多实践性的方式方法。例如：可以借助农村地区传统节日中的"礼节规矩"，重塑农村传统美德；利用春节、清明节、端午节、中秋节和重阳节等国家法定节日，大力倡导基层营造传统节日气氛，让人们在走亲访友中学习和践行传统美德，提升道德境界，促进乡风文明建设的发展。

榜样的力量是无穷的，通过树立先进典型，以其优秀品格来影响更多的农民，从而推动良好的农村社会风尚的形成。在农村的日常生活中，举行各种各样的文明比拼，比如"道德模范""文化能人""能手巧匠"等。在进行文明比拼的过程中，可因地制宜地设置比赛环节："道德模范"比拼可通过参赛者讲述自己的先进事迹来感染群众，引发群众的共鸣；"文化能人"比拼可展示农民的文化素质和特长，利用活泼的文艺形式来吸引群众。此外，要引导农民群众积极参与。创新投票的方式，拓宽投票的渠道，通过网络或者书信的方式，向当地评比活动组委会推荐人选。新闻媒体的宣传报道也要注重宣传形式，宣传手段要多样化。创作文艺影视作品，把先进典型的光荣事迹推广到银幕上，让更多的人读懂文明，积极主动地向文明靠拢。

(三) 惩治歪风恶习

歪风恶习是乡风文明缺失的显著表现，不能对其忽视或漠视，而要将其作为推进乡风文明建设的重要突破点和主攻方向。歪风恶习在农村地区依然存在，且在一些地区有抬头之势，必须采取行之有效的惩治措施，推动移风易俗的深入，引导文明的农村社会风尚，为乡风文明建设营造良好的社会氛围。

惩治歪风恶习要根据实际情况分类对待，引导与惩戒相结合。对待只涉及个人层面，不会对农村社会产生较大影响的情况，主要采取引导教育的方式进行纠正。如对于自私封闭的小农思维习惯，以及近年来悄然兴起的攀比之风等歪风恶习，应该以引导和管理为主，通过宣传教育引导农民形成科学、理性的思维和行为习惯。在乡镇设立歪风恶俗专门管理机构，指定村级监督负责人，及时对农村地区的歪风恶俗进行监控和管理。

对待在社会层面形成巨大影响的歪风恶习要加大打击力度，设置多样化的惩治方法，充分利用法律法规和村规民约的约束和警戒作用，增强村民对约束机制的认同感，培养遵纪守法意识。

2018年1月，中共中央、国务院发出《关于开展扫黑除恶专项斗争的通知》，各级政府应当以此为契机，严格贯彻执行该项通知的各项要求，对待恃强凌弱、聚众赌博、打架斗殴等严重影响农村乡风文明建设的恶劣行为，要毫不留情地进行打击，对带头人和组织者给予道德谴责和法规处罚，必要时要启用法律的强制手段，追究刑事责任。在农村社会形成惩治歪风恶习的鲜明氛围，组织专门的人力进行动态监管，对存在的歪风恶习进行引导、惩戒和治理，及时打压农村地区歪风恶习的复燃之势。

【相关链接】

甘肃省定西市深入治理高价彩礼推进移风易俗

2022年，定西市大力开展"治理高价彩礼推动移风易俗培育文明乡风攻坚年"行动，九条硬核措施重锤落地，"新风正气传得开、陈规陋习必须改"的社会良好氛围正在形成。

1. 精心谋划，强力推动夯实责任

近年来，随着经济社会发展和人民群众生活水平不断提高，定西市个别地方婚嫁彩礼金额也随之水涨船高，有的地方还出现了厚葬薄养、炫富比阔、铺张浪费等歪风。为进一步巩固拓展脱贫攻坚成果，激发广大农民群众更加自觉投身乡村振兴，2022

年3月开始,定西市委抽调人员利用2个多月时间,先后深入20多个乡镇40多个行政村开展移风易俗实地调研,在多层次研判会商、广泛征求群众意见建议的基础上,形成了《定西市治理高价彩礼推进移风易俗培育文明乡风攻坚年行动方案》,以市委办市政府办文件印发实施,提出了符合定西实际的"限高"标准和落实措施。2022年5月,定西市委市政府召开专题会议进行部署,推动各县区、各部门结合实际相继出台实施方案,做到移风易俗工作责任落实、任务落地。2022年8月以来,结合农业农村部等8部门《开展高价彩礼、大操大办等农村移风易俗重点领域突出问题专项治理工作方案》要求,宣传部门牵头抓总,市直相关部门、群团组织密切协作,市县乡村"四级联动",线上线下宣传引导,多部门常态化跟踪问效、一体化督查考核,各项措施有序落实,移风易俗在陇中大地深入推进。

2. 党员引领,以身作则示范带动

村看村、户看户,群众看干部。厚植新风正气,党员干部要以身作则带头移风易俗,带头约束家人、亲属,自觉抵制陈规陋习和大操大办之风。定西市出台《定西市市直机关党员干部职工婚丧嫁娶活动指导标准》,对彩礼、酒席等进行"限高":婚嫁礼金不超过5万元;婚嫁活动双方合计不超过2天,丧葬活动原则上控制在3天以内;在城区举办婚事酒席不超过20桌,每桌不高于880元,酒不超过140元/瓶,在农村举办婚事酒席不超过20桌,每桌不超过480元,酒不超过95元/瓶;红事礼金不超过200元、白事不超过100元;丧事不办酒席,一碗烩菜;红白事全部控烟。定西市各县(区)均参照出台指导标准,依据党内有关法规和制度,完善农村党员、干部带头移风易俗的规定,严格落实党员干部操办婚丧喜庆等事宜报备制度。定西市委将领导干部婚丧嫁娶规定落实情况纳入了述职述廉必报事项。截至去年底,全市党员、干部主动签订《移风易俗承诺书》6万余份,自觉抵制超标准、超规模的婚丧宴席和人情往来,带动城乡居民签订承诺书30余万份,婚事报备11 208件,丧事报备7 572件。

3. 村民自治,激发移风易俗内在活力

定西支持村两委发挥村级组织事务管理的主导权、话语权,引导村民自我管理、自我约束,打造示范性强、显示度高、影响力大的移风易俗样板村,推动移风易俗工作深入基层、深入群众。全市1 887个行政村和88个社区全部修订完善《村规民约》《居民公约》,普遍充实婚事新办、丧事简办、孝亲敬老等移风易俗内容。主动吸收"五老"和乡贤人员参与村(居)民议事会、红白理事会、道德评议会等群众自治组织,对婚丧嫁娶陈规陋习进行劝导和教育监督。运用财政补助资金、帮扶资金、村集体经济收入和捐助资金,设立"乡村道德银行",充分利用"巾帼家美积分超市""文明股"积分分红等有效措施,对先进典型进行奖励,为"星级文明户""道德模范"等以道德抵押的方式提供担保贷款。各村(社)普遍设立"红黑榜"褒扬先进、警示后进,形成移风易俗负面清单,把"反对高价彩礼、推进移风易俗、培育文明乡风"作为评选表彰文明家庭、最美家庭、"星级文明户"、文明村镇、道德模范、好婆媳、好妯娌的条件。

4. 标本兼治,营造清朗社会氛围

一方面,依法依规对违背村规民约、公序良俗等行为严格约束,避免破窗效应。定西市加大对婚介机构和婚介人员的监管力度,全面落实婚介服务登记备案制度,定期组织开展政策解读、普法教育和职业道德教育。加强对"民间媒婆""红白事总管""阴阳先生"等人员管理,开展各类培训15场次615人次,严厉打击婚托、婚骗等违法婚介行为,积极整治包办、借婚姻索取财物和其他干涉婚姻自由等突出问题，坚决制止媒人哄抬彩礼行为。定西市宗教部门加强执法检查，杜绝违规"做法事、做道场"等行为。加大对孝道式微等现象批评教育，对不赡养老人、虐待亲人等行为依法惩戒。公布移风易俗举报电话、信箱和监督受理部门，发挥群众监督作用。另一方面，加强宣传教育，在农民群众心坎上深植文明意识，做到心有矩、行有度。依托各级各类媒体，用好党群活动中心、新时代文明实践中心（所、站）、图书馆、文化馆、博物馆、纪念馆、农家书屋、文化墙、道德讲堂、工青妇工作站点等阵地，发挥工青妇等群团组织及"五老"人员和乡土人才的作用，运用"接地气、说土话、讲故事"的手法，开展文明乡风教育。通过单身青年联谊、签名承诺、移风易俗主题晚会等群众性文化活动，以群众喜闻乐见的形式，倡导健康婚恋观念，弘扬家庭美德。

文明之花璀璨绽放，文明乡风劲吹陇中。据不完全统计，去年以来，定西市70%的彩礼控制在5万元以内，平均为4.9万元，比此前下降了10.9%；80%的农户丧葬事宜控制在3天以内，一碗烩菜办丧事农户达到了80%，费用为6 000元，比此前下降了14%，共动员快办简办各类红白喜事3 676件。下一步，定西市将深入贯彻中央一号文件要求，紧盯高价彩礼、人情攀比、厚葬薄养、铺张浪费等，深入开展农村移风易俗重点领域突出问题专项治理，持续完善移风易俗落实机制，开展常态化、集中性宣传引导，创新移风易俗方法路径，绵绵用力，久久为功，不断丰富村民的精神文化生活、提升村民的道德水平，让崇德向善的良好风尚蔚然成风。

第七章　农村制度规范建设

第一节　加快乡村基层法治建设

一、乡村法治在乡村治理中的重要作用

（一）法治是治国理政的基本方式

所谓"法治"，就是依法治理，它是一种以法律的强制力规范社会成员行为的社会治理方式。规则意识、法治精神是构建现代社会秩序的内在要求。习近平总书记曾强调指出："依法治理是最可靠、最稳定的治理。"政党执政兴国，离不开法治支撑；社会繁荣发展，离不开法治护航；百姓安居乐业，离不开法治保障。法令行则国治，法令弛则国乱。党的十八届三中全会在提出国家治理现代化的基础上，同时提出建设法治中国的历史任务。党的十八届四中全会提出建设中国特色的社会主义法治体系的新目标，描绘了全面依法治国的蓝图。党的十九大报告明确全面推进依法治国总目标是建设中国特色社会主义法治体系，建设社会主义法治国家，为中国法治的建设和发展明确了方向。依法治国是国家治理现代化基本的要求，是国家治理体系和治理能力的重要依托。国家治理现代化涉及政治、经济、社会等各方面，而其中的任何领域和任何层面都离不开法治的保障。要推进国家治理体系和治理能力现代化，实现经济发展、政治清明、文化昌盛、

社会和谐、生态良好，必须秉持法律这个准绳，善于运用法治思维和法治方式进行治理，强化法治建设，弘扬法治精神。

(二) 法治是乡村治理的重要保障

法治是乡村治理体系的重要组成部分，是自治和德治的基础保障。乡村治理中的自治是法治基础上的自治，自治依靠法治为自己健康运行提供基本规范和重要保障。乡村治理中的德治同样离不开法律约束的德治，法治在有赖于道德滋养和道德支持的同时也为德治提供保障。党的十八届四中全会通过的《中共中央关于全面推进依法治国若干重大问题的决定》中明确提出"推进基层治理法治化"的要求，并指出全面推进依法治国基础在基层，工作重点在基层。农村作为基层最基础的社会单元，其法治建设水平直接影响着国家治理体系和治理能力现代化的进程及国家整体法治化进程。乡村治理法治化是农村可持续发展的制度保障，是解决农村各种矛盾和问题的重要依托。乡村地区法治薄弱的短板补齐关系到法治国家、法治政府、法治社会的实现。

(三) 法治是维护乡村社会秩序的重要手段

新形势下乡村社会矛盾的化解、乡村社会秩序的维护都呼唤法治这一有效手段的补充。虽然我国已健全了法律体系，乡村社会的主要关系和基本问题也纳入法律范围内予以规范，但文化惯习、权力、人情、关系等因素依然是乡村社会关系调节的重要影响因素，乡村法治建设仍落后于乡村经济社会发展进程。新的历史条件下，礼治式微中的乡村内部治理结构已不能有效维持全部秩序、不足以完全应对日益凸显的乡村新现象、新问题，需要以法治规约乡村社会矛盾纠纷、利益诉求多元、社会安全稳定。做好新形势下的乡村社会治理，必须坚持法治为本，树立依法治理理念，强化法律在维护农民权益、规范市场运行、生态环境治理、化解农村社会矛盾等方面的权威地位，以法治方式统筹力量、平衡利益、调节关系、规范行为，从而以法治规约礼治衰退下的乡村利益多元，增强新形势下民众的法治精神和秩序意识。

(四) 法治是化解乡村社会矛盾问题的重要方式

随着乡村社会结构深刻变迁，乡村社会问题层出不穷，道德滑坡、人情冷漠、社会治安、自私自利、失信失约、低俗价值、是非观念颠覆等乱象不断涌现，这不仅是道义沦落下的礼俗约束无力和思想文化建设不足，更是法治缺失下的规则不约、秩序不制。因此，礼治衰退下的法治补位符合乡村现实需要。同时，夹裹于市场经济、城乡融合发展下的乡村社会问题需要法治化裁决。市场经济是法治经济，只有践行契约、实现法治，才能维护公平竞争和市场有序，调适人际关系和多重社会利益。城乡融合发展进程中日益显现的市场诚信、生产安全、土地资源问题、环境问题等，已超出了非正式制度的约束范围，必须借助拥有强力后盾的法律、政策等制度保障来推进社会问题的解决和社会秩序的良性运行，从而规范社会行为、社会生活，助力乡村治理和国家治理。

(五) 全面推进乡村振兴的重要保障

关于实施乡村振兴战略的意见中指出，乡村振兴，治理有效是基础，要建立健全法治保障的现代乡村社会治理体制。2020年底我国如期完成了脱贫攻坚任务，现行标准下农村贫困人口已全部脱贫，从2021年起"三农"工作重心由脱贫攻坚迈向全面推进乡村振兴。实现乡村振兴需要法治的约束。随着农村经济社会的快速发展，农村地区呈现出主体诉求多元化、利益关系复杂化、治理问题显性化等特点，要用法治方式来有效化解矛盾。实现乡村治理的法治化，是全面推进乡村振兴的重要保障，能够有效巩固现有脱贫攻坚成果、满足农民群众美好生活需要。在新发展阶段不断加快推进法治乡村建设，有利于维护乡村地区政治、经济、文化、社会、生态全方位的健康稳定发展，实现全面推进乡村振兴工作的行稳致远。

二、我国乡村法治存在的问题

我国是农业大国，乡村兴则国家兴，乡村衰则国家衰。然而，在全面依法治国的大背景下，我国部分乡村地区农民法治意识淡薄，乡村治理仍停留于传统的人治治理模式，依法治村之治理能力亟需提高。总体来说，我国在法治保障乡村振兴战略有效实施方面，主要存在以下问题。

（一）我国部分乡村地区，农民对依法治村的意识不强

我国的城乡发展呈二元结构模式，因此，相对于城市来说，我国农村地区群众因长期生活于相对比较封闭的社会环境当中，文化水平相对偏低，法治意识淡薄，对法律知之甚少。同时，因农村地区社会群体相对比较固定，人口流动性不强，因此，在长期的生活当中，农民群众已经形成了适用于本村庄乃至本地区特有的行为规范，因此，当在合法权益遭受侵犯时，其主要的维权途径不是诉诸法律。农民法律意识不强主要体现在以下两个方面。一是对法律认识不足，很多农民认为法律只规定杀人放火的刑事犯罪，而对于农民生产、生活、政治权利等方面的法律知之甚少。二是参与政治的意识不强，没有正当行使自身的选举权和被选举权，忽视自身政治权利。

（二）受封建迷信思想的影响，法律在乡村地区的权威性不强

由于教育资源的分配不均衡，我国大多数农村地区的农民群众对社会的认知水平有限，对出现的超出自己认知范围的现象，往往认为是"天意"所为，这为乡村地区迷信活动的盛行提供了便利，封建迷信思想的存在，对科学的法律思想的传播形成了

一定程度的障碍。

(三) 缺少专门的服务于农村的法律工作队伍

用法治为乡村振兴保驾护航的首要前提是法律人才的引进。自改革开放以来，城市地区一直是我国投资发展的重点地区，因此，受长期存在的"城市中心发展"思路的影响，我国的城乡发展水平呈现出严重不平衡的状态，乡村地区法治人才队伍严重匮乏，这严重阻碍了乡村地区法治建设步伐的推进。

(四) 村民自治制度在实践中依旧存在缺陷和不足

农村法治建设的重要载体是村民自治组织，其在农村法治建设中起着不可替代的作用。《村民委员会组织法》为农村实行民主管理、民主决策、依法治村提供了法律保障，使我国农村政治民主程序从制度上得到了根本性改变，取得了一定成功。但在实践过程中，这种制度依旧存在着以下问题。

1. 村民自治组织成员不断减少，组织后备力量不足

随着土地收益的减少以及市场经济的刺激和带动，我国大多数农村贫困地区中具有一定文化素质和技能、懂得经营而头脑又相对灵活的中青年农民、农民党员开始逃离土地和农村，纷纷进城务工、经商或另谋出路，留守在家的大多数为老、弱、病、残等弱势群体，村民自治组织后备力量严重缺乏。

2. 村民自治组织继续完善存在文化困境，可采用和借鉴的优质传统文化资源匮乏

人们自己创造自己的历史，但其并非随心所欲地创造，亦非在他们自己选定的历史条件下创造，而是在直接碰到的、既定的、从过去承继下来的条件下创造。村民自治组织亦产生于中国特定历史条件下之实践创造活动，优秀传统文化作为这种特定历史条件的一个重要方面，它是进一步增强村民自治组织自身发展活力和吸引力的现实基础。然而，伴随着现代化的持续推进和乡

村社会的持续衰落,一些优质的传统文化资源正在逐渐消失,社会伦理秩序在不断瓦解,而新的令人信服的文化价值体系又无法被快速提供和生成,因此导致许多人人生观、价值观扭曲,信仰迷失,理想缺失。在此种文化结构和社会背景下,农村基层组织在建设和发展过程中可采用和借鉴的优质传统文化资源越来越少,其自身活力难以彰显,对广大农村群众的吸引力亦难以有效提升。

三、加快乡村基层法治建设的思路

法治乡村建设是一个总体性、整体性、全面性和协调性的系统工程,需要全面推进。只有通过大力提升农民法治意识以增长其法治需求、规范权力运行以构建公正的法治环境、强化法律有效实施以维护权利、创新法律服务以推进法律服务供给,才能构生出美好的乡村法治生活。

(一) 提升农民法治意识

法治的生成首先源于对法治的需求,而法治需求的产生又仰赖于法治意识的提升。因为只有认知法治意涵、精神、理念、价值,以及其对现代美好生活的意义与构建,才会追求法治生活,才会在日常生活中把法律作为行为规范,进而自觉用法和守法。乡村是传统文化的根基与承载地,而传统文化中不合时宜的人治思维、关系模式、厌讼心理、权力压制权利的社会生活逻辑在乡村依然大行其道,阻碍着现代文明生活的生成。为此,需要通过不断提升农民的法治意识特别是权利意识、规则意识和参与意识等唤醒农民对公平正义和美好生活的向往,这样才能为法治乡村建设构建坚实的基础。当前,提升农民法治意识的主要途径是加强对农民的法治宣传教育。在法治宣传教育实践中,要以习近平总书记全面依法治国新理念新思想新战略为指导,紧紧围绕农民最为关心的问题以及影响农民生活最为紧迫的问题入手展开法治教育宣传，比如化解矛盾纠纷、助力精准脱贫和强化生态保护等，从而让农民群众深切感受到法治对于构建美好生活的意义。同时，创新探索新时代法治教育的新机制、新模式、新方法：一方面构建多元化的法律宣传教育机制，比如要发挥基层政府、司法机关、法律服务所、律师事务所、社会组织以及农村法律明白人的法治教育价值与功能，通过形成协调统一、共同协作的教育格局，以强化对农民的法治教育；另一方面采用多种形式的法律教育途径，比如开展传统的标语与摊点的法律宣传、参与庭审判决与纠纷调解的法治实践教育和新媒体平台的法治教育等，从而提升农民的法治意识。

（二）规范乡村权力运行

乡村基层权力得不到规范，将必然产生权力的腐败，从而导致政府公信力下降、法律权威丧失，人民群众不信任、不认同法律，致使法治成为幻想。所以，基层权力规范化是法治乡村建设的关键。在实践中，加强权力的规范化建设，一方面要加强基层干部依法用权。权力来源于人民的赋予，因而权力要为民所用，这就要求用权必须在法律许可的范围内，且要受到监督。基层干部应自觉遵守国家法律，要不断深化"以人民为中心"的价值理念，提升公仆意识和规则意识，提高基层干部依法用权观念。另一方面要科学界分和合理配置权力。随着社会发展与改革的进一步深入，现存的一些权力配置不符合甚至违背"以人民为中心""权责对等"的理念要求，特别是基层权责不清、机构臃肿导致的"办事难"已经成为人民群众痛心疾首的问题。为此，要进一步完善涉农法律法规，科学界分权责、理顺部门关系，提升权力配置的科学化、规范化水平。同时，加强对权力运行的监督。无监督的权力必然走向腐败，规范基层权力需要强化对权力的监督。要完善制度监督,健全法律监督机制,进行稳定的常态化监督,积极拓展和创新人民群众参与监督的途径与渠道,鼓励人民群众多种形式监督,以形成全社会广泛监督氛围和格局。

(三)强化法律有效实施

法律的生命在于实施,无法实施的法律尽管也规定着人们广泛的权利,但也只是一纸空文。法治乡村建设的根本目标是构建农民群众的美好生活,而美好生活的关键在于人民权利得到实现。因此,这就要求法律发挥保障作用,特别是通过法律的有效实施切实维护农民群众的权利。同时,只有法律的有效实施才能维护自身的权威性与至上地位,也才能形成良好的法治环境。在此意义上,法治乡村建设要以强化法律的有效实施为核心。在实践中,强化法律的有效实施,一方面要求法律本身必须是体现公平正义与人民立场的良法,也就是说,只有把维护农民群众的根本利益作为涉农法律的根本目标与原则,才能得到农民群众的内心认同,也才能得到农民群众的自觉遵守。另一方面要求乡村基层执法机关严格执法。依法严格执法是维护法律尊严和农民权利的基本要求,所以要对损害农民利益的行为进行依法查处和坚决打击,比如环境污染、涉农资金违规使用、涉农项目质量不达标、基层干部履职不力的问题等,都深切地关系到农民群众的根本利益,只有依法依规严格追查责任,对违法违规行为进行严肃处理,才能消除不法侵害,才能赢得农民群众的谅解与支持;此外,基层司法机关要公正司法。司法是专门适用法律的活动,也是维护人民利益的最后一道防线。司法是否公正直接关系到人民是否认同和信仰法律,也直接关系到法治的基石是否稳固。为此,乡村基层司法机关及其工作人员要坚持法律至上与法律面前人人平等的原则,恪守职业道德,维护司法正义,做到每一起案件都能经得起法律、人民和历史的考验。

（四）创新法律服务模式

法律服务是法治生活得以顺利进行的保证。法治生活在本质上是法律需求与法律供给相互作用的动态平衡过程。在这个过程中，法律需求表现为希望通过法律使自己的权利得到维护与实现，而法律供给则是为满足法律需求而开展的以法律为内容的活动，其中法律服务诸如法律咨询、法律援助、法律调解、司法鉴定、公证仲裁等是法律供给的重要内容。在广大农村，农民运用法律维护自己的权利需要法律服务，法律服务供给是农民法治生活不可或缺的组成部分。所以，法治乡村建设要以创新法律服务供给为重点。一方面要建立法律服务的多元供给机制。当前农村的法律服务在总体上不足，而已有的法律服务又主要依赖于基层司法行政机关的供给，这显然难以满足日益增长的农民法律需求。为此，要在整合已有法律服务资源比如基层司法、公安、司法所、司法鉴定、公证、仲裁、调解部门的基础上，积极引进市场供给法律服务，鼓励社会组织提供法律服务，以及培养法律明白人进行自我服务等，从而形成多元化的法律服务供给格局，以满足农民法律服务需求。另一方面要建立法律服务的精准供给机制。传统的法律服务比如"送法下乡"经常是形式有余而效果不佳，这主要是因为其采用的是一种"运动式"的法律服务供给模式，而这一模式不能及时满足农民对法律服务的需求，也不能满足农民个性化的法律需求。为此，可探索构建"一村一法律顾问"模式，通过推进法官或律师等专业法律人才进村社，及时满足农民群众的法律需求。同时，也要构建"互联网+法律服务"模式，推进运用新媒体、大数据、云计算等获取有效法律服务需求，从而以需求为导向及时提供精准化的法律服务。

第二节 完善村规民约

一、村规民约现状

村规民约是村民进行自我管理、自我服务、自我教育、自我监督的行为规范,是引导基层群众践行社会主义核心价值观的有效途径,是健全和创新党组织领导下自治、法治、德治相结合的现代基层社会治理机制的重要形式。

近年来,一些地方指导村探索制定村规民约,对引导基层群众有序参与乡村事务,加强乡村治理,弘扬公序良俗,起到了积极作用。同时也要看到,一些地方对村规民约工作重视不够、指导不力,一些村规民约存在内容空泛、制定不规范、实施流于形式等问题,甚至有的内容违法违规、侵犯群众合法权益。因此,应不断完善村规民约的内容。

二、村规民约的内容和形式

(一)村规民约的内容

村规民约内容一般应包括以下5方面内容。

①规范日常行为。爱党爱国,践行社会主义核心价值观,正确行使权利,认真履行义务,积极参与公共事务,共同建设和谐美好乡村等。

②维护公共秩序。维护生产秩序,诚实劳动合法经营,节约资源保护环境;维护生活秩序,注意公共卫生,搞好绿化美化;维护社会治安,遵纪守法,勇于同违法犯罪行为、歪风邪气作斗争等。

③保障群众权益。坚持男女平等基本国策,依法保障妇女儿

童等群体正当合法权益等。

④调解群众纠纷。坚持自愿平等，遇事多商量、有事好商量，互谅互让，通过人民调解等方式友好解决争端等。

⑤引导民风民俗。弘扬向上向善、孝老爱亲、勤俭持家等优良传统，推进移风易俗，抵制封建迷信、陈规陋习，倡导健康文明绿色生活方式等。

村规民约要坚持问题导向，尤其要针对滥办酒席、天价彩礼、薄养厚葬、攀比炫富、铺张浪费、"等靠要"、懒汉行为、家庭暴力、拒绝赡养老人、侵犯妇女特别是出嫁、离婚、丧偶女性合法权益，涉黑涉恶、"黄赌毒"等突出问题，提出有针对性的抵制和约束内容。村规民约一般还应针对违反的情形，提出相应惩戒措施。

综上，村规民约的内容分为两个方面。一方面是规定村民的行为，应该怎么做，另一方面则是规定村民违反和破坏规章制度的处罚条款，主要有进行教育、给予批评、作出书面检查等内容。

(二) 村规民约的形式

村规民约一般由名称、正文、审议主体、日期四部分组成。名称一般为《××村村规民约》；正文可采取结构式、条款式、三字语、顺口溜、山歌民歌等各种表述形式，应简洁明了、贴近群众生产生活、易于掌握和遵守；审议主体为××村村民会议；日期为实施生效的具体时间。

【相关链接】

××村村规民约

为了推进我村民主法制建设，维护社会稳定，树立良好的民风、村风，创造安居乐业的社会环境，促进经济发展，建设文明卫生新农村，经全体村民讨论通过，制定本村规民约。

一、社会治安

1. 每个村民都要学法、知法、守法、自觉维护法律尊严，积极同一切违法犯罪行为作斗争。

2. 村民之间应团结友爱，和睦相处，不打架斗殴，不酗酒滋事，严禁侮辱、诽谤他人，严禁造谣惑众、拨弄是非。

3. 自觉维护社会秩序和公共安全，不扰乱公共秩序，不阻碍公务人员执行公务。

4. 严禁偷盗、敲诈、哄抢国家、集体、个人财物，严禁赌博、严禁替罪犯藏匿赃物。

5. 严禁非法生产、运输、储存和买卖爆炸物品；经销烟火、爆竹等易燃易爆物品须经公安机关等有关部门批准。不得私藏枪支弹药，拾得枪支弹药、爆炸物品，要及时上缴公安机关。

6. 爱护公共财产，不得损坏水利、道路交通、供电、通信、生产等公共设施。

7. 严禁非法限制他人人身自由或非法侵犯他人住宅，不准隐匿、毁弃、私拆他人邮件。

8. 严禁私自砍伐国家、集体或他人的林木，严禁损害他人庄稼、瓜果及其他农作物，加强牲畜看管，严禁放养猪、牛、羊。

对违反上述社会治安条款者，触犯法律法规的，报送司法机关处理。尚未触犯刑律和治安处罚条例的，由村委会批评教育，责令改正。

二、消防安全

1. 加强野外用火管理，严防山火发生。

2. 家庭用火做到人离火灭，严禁将易燃易爆物品堆放户内、寨内，定期检查、排除各种火灾隐患。

3. 加强村寨防火设施建设，定期检查消防池、消防水管和消防栓,保证消防用水正常。

4. 对村内、户内电线要定期检查,损坏的要请电工及时修理、更新,严禁乱拉乱接电线。

5. 加强村民尤其是少年儿童安全用火用电知识宣传教育,提高全体村消防安全知识水平和意识。

三、村风民俗

1. 提倡社会主义精神文明,移风易俗,反对封建迷信及其他不文明行为,树立良好的民风、村风。

2. 红白喜事由红白喜事理事会管理,喜事新办,丧事从俭,破除陈规旧俗,反对铺张浪费、反对大操大办。

3. 不请神弄鬼或装神弄鬼,不搞封建迷信活动,不听、看、传淫秽书刊、音像,不参加邪教组织。

4. 建立正常的人际关系,不搞宗派活动,反对家族主义。

5. 积极开展文明卫生村建设,搞好公共卫生,加强村容村貌整治,严禁随地乱倒乱堆垃圾、秽物,修房盖屋余下的垃圾碎片应及时清理,柴草、粪土应定点堆放。

6. 建房应服从村庄建设规划,经村委会和上级有关部门批准安排,不得擅自动工,不得违反规划或损害四邻利益。

违犯上述规定的给予批评教育,出具检讨书,情节严重的交上级有关部门处理。

四、邻里关系

1. 村民之间要互尊、互爱、互助,和睦相处,建立良好的邻里关系。

2. 在生产、生活、社会交往过程中,应遵循平等、自愿、互惠互利的原则,发扬社会主义新风尚。

3. 邻里纠纷,应本着团结友爱的原则平等协商解决,协商不成的可申请村调解委调解,也可依法向人民法院起诉,树立依法维权意识,不得以牙还牙,以暴制暴。

五、婚姻家庭

1. 遵循婚姻自由、男女平等、一夫一妻、尊老爱幼的原则,建立团结和睦的家庭关系。

2. 婚姻大事由本人作主,反对包办干涉,男女青年结婚必须符合法定结婚年龄要求,提倡晚婚晚育。

3. 自觉遵守计划生育法律、法规、政策,实行计划生育,提倡优生优育,严禁无计划生育或超生。

4. 夫妻地位平等,共同承担家务劳动,共同管理家庭财产,反对家庭暴力。

5. 父母应尽抚养、教育未成年子女的义务,禁止歧视、虐待、遗弃女婴,破除生男才能传宗接代的陋习。子女应尽赡养老人的义务,不得歧视、虐待老人。

××村民会议
202×年×月×日

三、村规民约的制定程序

村规民约的制定或修订,一般应经过以下5个步骤。

①征集民意。村党组织、村民委员会广泛征求群众意见,提出需要规范的内容和解决的问题。

②拟定草案。村党组织、村民委员会就提出的问题和事项,组织群众广泛协商,根据群众意见拟定村规民约草案,同时听取驻村党代表、人大代表、政协委员、机关干部、法律顾问、妇联执委等意见建议。

③提请审核。村党组织、村民委员会根据有关意见修改完善后,报乡镇党委、政府审核把关。

④审议表决。村党组织、村民委员会根据乡镇党委、政府的

审核意见，进一步修改形成审议稿，提交村民会议审议讨论，根据讨论意见修订完善后提交会议表决通过。表决应遵循《村民委员会组织法》相关规定，并应有一定比例妇女参会。未根据审核意见改正的村规民约不应提交村民会议审议表决。

⑤备案公布。村党组织、村民委员会应于村民会议表决通过后十日内，将村规民约报乡镇党委、政府备案，经乡镇党委、政府严格把关后予以公布，让群众广泛知晓。

村规民约在保持相对稳定的同时，可根据当地经济社会发展、群众需求变化以及社情民意等进行修订，修订程序参照制定程序执行。

四、发挥村规民约在乡村治理中的积极作用

提高乡村治理水平就需要在乡村治理中切实强化村规民约，依法推进村民自治。

（一）增强村规民约指导性

要想让村规民约在乡村治理中发挥出重要指导作用，各级政府及部门就需要加强规范指导，履行责任，有序推进这项工作；要通过村规民约的实施逐步培育村民参与治理的主体意识，让村民在生产生活中自觉遵守，淬炼共建共享的公共精神，实现乡村治理的和谐。

一是要以习近平新时代中国特色社会主义思想为指导，践行社会主义核心价值观，弘扬公序良俗，促进自治、法治、德治的有机融合，提升乡村治理的水平和能力。基层党组织要发挥领导核心作用，引导群众有序、合法的表达自己的意愿，通过协商的形式，形成集体的智慧。

二是要严格依法依规制定。村规民约的内容要合法，每一条、每一款都要符合法律法规，不得有任何抵触或者侵犯村民的

人身、民主、财产等权利。同时程序也要合法，制定、修订要坚持公开、公正，要广泛讨论，多方征求意见，反复修改完善，由村民会议、党员会议表决通过，并备案公布，广泛宣传，确保每个环节合法。

三是要具有操作性，村规民约的内容要符合生活、生产规律，要符合时代要求，要符合村情民风，有的放矢、精准对接，着力解决突出问题。内容要通俗易懂，不做表面文章或形式主义。要讲求实效，不搞假大空。要具有针对性，不搞大而全或空洞无味。要结合实际定期进行修订，建立动态完善机制，不同时期有不同时期的侧重点，不能一劳永逸、一成不变。形式要生动活泼，具有乡村特色。

(二) 提升村规民约自治性

村规民约是村民自治的制度化体现，是基层民主的产物。村规民约的制定要把握自治的原则，坚持人人重视、人人参与、人人执行，提升村规民约的自治性。

村规民约既然是村民自我约束的一种规则形式，在制定时要交由村民自己决定，充分发扬民主，让村民全程参与。村规民约管什么、怎么管，违反了怎么惩戒、守约的如何褒奖，要由村民说了算。通过集思广益，形成统一规范，进而上升到村民的自觉行为。基层政府和相关部门不可代替村民制定，否则会得不到群众的认可，失去了村规民约的本意，难以实施。

村规民约要紧盯村民的需求和村庄实际制定，有针对性地解决村民迫切需要解决的问题。每个村庄都不同程度地存在一些棘手问题，法律和行政手段难以解决，需要村民通过自我管理的方式解决，其中制定村规民约是实现村民自治的一种重要手段。村规民约要始终坚持从群众中来到群众中去，通过规范村民言行，破解一些困扰乡村治理的问题，村规民约只有讲求实效、务实管用，群众才会认可，才会起到事半功倍的效果，实现共治共享的目的。

村规民约要交由村民自觉组织实施，既然是村民集体制定，体现村民自身利益，村民就要对实施负责，就要自觉地无条件执行，村民可通过村规民约对照检查自己的行为，规范自己的行动，并可相互影响、相互提醒、相互促进，形成共同遵守、共同维护、共同进步的良好氛围。

（三）提升村规民约执行力

要实现乡村有效自治，必须在乡村构建规则体系和规则意识。村规民约作为自治的重要内容，生命力在于是否能够较好落实。其中，加强监督尤为重要。

一是要建立履约评议会等群众组织，建立黑红榜单或推行"积分制"管理，奖优罚劣，激发村民遵守村规民约的主动性和自觉性，增强村规民约的严肃性、权威性，在监督执行中实现村民的自我管理、自我服务、自我教育、自我监督，不断增强村规民约在依法自治中的效果。

二是要依法选举产生群众满意的村"两委"班子，切实发挥村"两委"班子领头雁的作用。村"两委"班子成员、党员、村民代表要带头示范，严格执行村规民约。要把村规民约融入乡村建设的各项工作中，集中力量解决村民生产生活中存在的问题，让村民切实享受乡村治理的成果，增强村民的认同感、归属感、荣誉感。

三是村民委员会要加强对村民的教育，完善相关制度，要通过开展精神文明建设，增强村民的法治观念。教育和督促村民履行法律规定的各项义务，维护国家和集体、个人的合法权益。增强村民自觉执行村规民约的积极性。

四是政府有关部门要开展评比表彰活动，助推村规民约的执行落实。要结合实际,科学有序开展优秀村规民约征集遴选和宣传推介等工作,示范引导广大村民广泛参与村规民约的制定、遵守、监督,发挥村规民约在基层治理中的作用。同时要扩大宣传的力度,集中展示村规民约发挥作用的鲜活案例,提高村民对村规民约的重视度和执行力,树立良好的村风,营造安居乐业的环境。

第三节 规范民间信仰

民间信仰是在地方共同体的一般民众中逐渐培育起来的、代代相传的、日常性的老百姓信仰。民间信仰往往是规定一个共同体的态度、判断及思维方式的基础,对人们的行为方式具有重要的影响力。

一、民间信仰的主要问题

近年来,部分地区民间信仰组织及其活动出现了无序化状态,一定程度上出现了陋俗复燃现象,并在新的社会环境下滋生出新的社会问题,给基层社会管理甚至民众的生命财产带来危害。

(一)民间信仰与主流政治和文化间存在明显的异质倾向

当前,农村传统社会的道德价值体系和日常生活方式正遭受社会变革的巨大冲击,农村社会呈现出价值取向趋利性、盲从性和多元性的特点。民间信仰能通过自身的组织网络和活动以其神圣性、平等性和利众性原则对社会产生影响。需要注意的是:宗教对信教者进行价值及行为规范整合,帮助稳定社会秩序的同时,也有其明显的负面功能。它会带来一些社会保守主义色彩,并且容易形成以各教自身为核心的社会分化现象。民间信仰带有原始宗教的诸多元素，又受到佛教、道教等多种制度化宗教的影响，带有浓厚的传统政治文化色彩，在很大程度上规制着信众的思想观念和行为模式。比如，对于宗法家族力量的依恋，对于清官明君的期盼，在不少民众心里是根深蒂固的；反之，民众主体的民主意识和民主观念等则明显缺乏，不利于农村民主政治文化建设和农民有序地参与政治。

(二) 民间信仰的"高端化"，增加了民众负担，导致社会隔离

近年来，随着经济快速发展，民间信仰越来越呈现出高投入、高消费、大场面的特点。在很多村民看来，村庙是村落实力的重要体现，村庙建设不能落后。农村"富人"们往往也习惯于利用村民的这种攀比心理，带头捐款以推动村庙建设，牵头组织开展民间信仰活动，借此提升自己的社会地位。在村庙筹建活动中，"富人"们通常会主动承担起带头捐款、出谋划策的工作，力求使本村民间信仰呈现出"高大上"的效果。虽然民间信仰主要是由农村"富人"群体积极推动实施，但村庙翻修成风，频繁开展的祭祀活动耗费巨大，增加了普通村民的经济负担。农村修建庙宇少则花费几万元，多则几十万乃至上百万元，举办一次村落社区的群体祭祀活动花费多要5万~10万元。尽管一般情况下不会强制缴费，捐款数额也不作统一规定，但村民往往认为捐款建庙是大家共同的事情，捐款是自己的义务，再者，各家的捐款数都会在村庙贴墙公布，碍于面子，谁也不想落后。为迎接"神明"，各家各户每年都要购买香纸烛，燃放烟花爆竹，而且人们还会在暗地里攀比。此外，还有购置供品、聚餐等费用开支。在村民中认可度较高、周边景色比较好的村庙往往被村子里的"富人"开发成旅游景点，进庙收门票，烧香要花高价买香火，甚至还提供有偿的算命、看相服务。这就导致原本全

体信众的信仰对象逐渐被少数农村"富人"所垄断，普通村民与信仰对象的直接联系被阻断，在民间信仰的转变中被边缘化。

(三) 民间信仰的影响力不断增强，对基层社会治理产生不良影响

村庄治理应该是各种权力或影响力量在村庄内部交互作用的过程，尤其在村民自治的背景下，客观存在应该为各种力量参与村庄事务提供便利而广阔的渠道，但这种参与应该是有序化的制度性参与。近年来，随着经济社会的发展，民间信仰活动日益频繁，村庙组织的社会影响力和动员力不断增强，如果任其发展不加管控，势必对农村基层组织的社会作用造成冲击，动摇现有的农村治理格局。另外，民间信仰的娱乐化趋向也增加了其对普通民众的吸引力。农村社会自古以来就有"歌舞媚神"和"演戏酬神"的传统。一些民间信仰组织为了扩大影响，不断在民间信仰活动中"创新""求异"，种种低俗化的表演在解构民间信仰神圣性的同时，一定程度上迎合了部分民众的低俗趣味。一些村民对于民间信仰活动趋之若鹜，积极捐钱、献物、出力，对村委会的工作却是态度冷淡，这给基层社会治理带来了很大的难度。

二、加强民间信仰管理的对策

加强民间信仰管理，必须统筹处理好理性认识、法治建设与管理创新三者的关系。

(一) 正确认识民间信仰的性质和作用

民间信仰与其他传统文化形式一样，有其消极的因素，有时甚至会被放大。着眼当下，民间信仰价值彰显与陋俗复燃并存，在局部甚至与社会主义和谐文化极不相容。这也表明，单纯依靠民间信仰的自适应以达到与现代社会相适应的目的，显然存在一定困难。民间信仰如何与民众的需求相联系，如何体现以人为

本，如何更好地发挥其在公共文化服务方面的积极作用，这是新形势下政府履行民间信仰管理职责的一个重要任务。政府在民间信仰文化生态系统的调适中，应坚持引导、宣传、教育和法律监管相结合，引导民间信仰组织提高自身管理水平，自觉摒弃陈规陋俗，发挥其道德教化和伦理规范功能，使信众群体更好地融入现代文明，更好地服务经济社会发展。

（二）加强法治建设，规范民间信仰组织行为

鉴于民间信仰的特性，其活动涉及多个部门、多个领域，可采取由政府宗教事务部门牵头组成相应的综合协调机构，统筹协调，分工负责，综合治理。政府分层管理可分为宏观和微观两个层次。宏观方面主要是制定政策法规，明确管理职责。微观方面主要是县以下特别是乡政府、村委会等加强对具体活动场所的管理，把规范化、法治化要求落实到每一个民间信仰活动场所。当前，政府出于对社会治理和资源依赖的需要，一方面对民间组织采取双重管理体制，组织先要获得业务主管部门的同意，然后再到民政部门去登记；另一方面将政府资源特别是行政资源同民间组织相结合，出现了所谓的官办民间组织。在这种民间组织管理体制下，包括村庙组织在内的大量农村草根组织被拒之门外，处于"非法"或"欠合法"状态。同时，因为民间信仰问题的复杂性和敏感性，政府对这类组织的管理容易出现偏差，或不加区别、严格控制，或不管不问、放任自流，这都极大增加了民间信仰的社会风险。民间信仰组织作为非正式民间组织，国家需加快制定《民间组织法》《社团法》《结社法》等相关法律法规，从法律上规范民间信仰组织的性质、地位、职能、权利和义务，设立条件、审批程度、运行机制等，对其合法行为和违法违纪行为做出法律界定及惩戒安排。

（三）疏堵结合，加强民间信仰场所管理

早在1996年，中共中央办公厅、国务院办公厅就转发了中央统战部和国务院宗教局发出的《关于制止乱建庙宇和露天佛像的意见》，其中强调：对近几年来建成的为数众多的农村小庙，要在调查研究的基础上，区别对待。其中少数符合佛道教仪轨，符合合理安排宗教活动场所原则的，由县级以上人民政府审核后，可办理批准手续，作为宗教活动场所开放、管理；由企业和个人管理的小庙，不得进行宗教活动，可改作他用；对由神汉、巫婆和其他迷信职业者控制的小庙坚决取缔；对属于当地民间信仰的小庙，应由当地党委、政府组织有关部门认真调查研究，采取切实可行的解决办法。从实际情况来看，遍布乡村的小庙小庵多是民间信仰场所。过去往往采取运动的方式予以铲除，寄希望于毕其功于一役。事实证明，这种做法收效甚微甚至适得其反，造成基层党群干群关系的紧张和疏远。因此，应坚持分类指导和属地管理原则，因地制宜、疏堵结合。建立民间信仰社会功能的合理利用和转换机制，进行民间信仰文化价值的合理引导等，是近些年来各地民间信仰管理工作探索实践的重要成果，应当坚持和发展。同时，要不断创新和完善民间信仰管理机制，以县（区）为单位制定民间信仰场所布局规划，设立民间信仰场所准入制度，并要求村庙组织与基层政府签订民间信仰场所规范管理责任书，承担民间信仰场所及活动管理的主体责任。

第八章 农村精神文明建设典型案例

案例一 古庙村：聚文明力量 促乡村振兴

古庙村是内蒙古兴安盟扎赉特旗好力保镇下辖的行政村，位于好力保镇政府所在地西7千米，区域面积20平方千米，2022年农民人居可支配收入达到2.6万元。古庙村推进精神文明创建工作中，坚持以习近平新时代中国特色社会主义思想为指导，以培育和践行社会主义核心价值观为统领，以"强"领导、"正"乡风、"美"村容、"热"活力、"传"文明、"富"百姓为载体，全力提升村民人文素养和道德修养，古庙村2022年荣获自治区级文明村镇。

一、强化组织领导，让氛围"浓"起来

成立以村党支部书记为组长的精神文明建设工作领导小组，建立了"村一把手"具体抓、两委成员共同抓的领导组织和工作网络。通过召开村民代表大会和党员会议，学习借鉴先进村的成功经验和做法，分析自身存在的问题，努力形成同心协力、齐抓共管的创建格局。领导小组坚持每季度召开一次精神文明工作会议，总结分析文明创建工作开展情况，及时发现和解决问题，积极探讨新思路、新举措，不断改进工作方法。同时把精神文明创建工作纳入村干部年终绩效考核，加强督查，适时调度，确保

精神文明工作制度化、规范化、常态化。

二、打造宜居环境，让村庄"美"起来

以实现全域无裸露垃圾、无污水乱泼、无乱堆乱放、无乱搭乱建、无畜禽散养乱跑为目标，以农村生活垃圾处置、生活污水处理、养殖污染治理、村容村貌整治、村庄美化绿化为五大重点，聚焦村边、路边、河边和田边环境"脏乱差臭"等突出问题开展集中攻坚治理，大力实施农村垃圾集中回收、畜禽粪便无害化处理等项目，动员广大党员、干部、群众积极参与农村全域清洁化，建立网格化管理清洁机制，以农村环境整治促进移风易俗工作上水平、上台阶。

三、推进文明实践，让乡风"正"起来

一是构建"一约四会"治理体系。自一约四会成立以来，古庙村村民严格根据商定办事，四会成员常态化引导群众破除陈规陋俗、树立孝老爱亲、崇德向善、厚养薄葬等文明风尚，否决赌、毒，培养科学、节俭的生活方式。二是开展文明评比活动。实施向善、育善、行善三大道德建设工程，常态化开展"十星级文明户""最美好力保人""优秀共产党员""美丽庭院"等群众性评先选优活动，共评选各类先进典型200余人（户）次，使文明乡风成为群众追求幸福生活的新风尚。三是制定实行农村居民"双星"积分管理机制。结合农村居民的精神文明建设需求，制定农村居民"双星"积分管理机制，采用"红星""蓝星"作为评比标识，对全体村民进行管理评比，通过明确标准、制定正向反向行为清单，设定加减分值，通过月度评议积分、季度积分评星、积星兑换物品、年度表扬激励和督促改正的方式制定奖惩措施，共评选文明户186户次，引领居民文明新风。

四、创新活动载体，让活力"热"起来

一是充分发挥新时代文明实践站作用。将全村重点农户划分为四大类，以矛盾纠纷家庭、产业发展滞后家庭、文明缺失家庭、陋习严重家庭实施点对点精准服务进家门活动。开展产业技术指导、道德法治宣讲、移风易俗等各类志愿服务活动100余场次。二是用好农村道德讲堂。面向广大农民群众广泛传播社会主义核心价值观、中华优秀传统文化和现代文明礼仪知识，开展文化宣讲20余场次。三是开展文体活动。支持和鼓励秧歌队、广场舞团、快板书宣传队等民间文艺团体，举办趣味运动会、红歌合唱比赛、脱贫故事宣讲等文体活动和惠民演出40余场次，丰富了群众文化生活。充分发挥"文化村长"的作用，开展"村歌嘹亮""逐梦乡村 我们的舞台"农牧民文艺汇演，以及"名家为你写家训""党的理论宣讲"等活动12场次，更好地提振了乡风文明的精气神。依托草原书屋，开展"书香好力保"全民阅读活动12次，切实增强全村党员、干部、群众学习的积极性和主动性，形成常学、乐学的学习氛围。

五、加强宣传广度，让文明"传"起来

印制古庙村破除陈规陋俗、倡树文明新风倡议书，组织党员群众学习习近平新时代中国特色社会主义思想及社会主义核心价值观，开展形式多样的宣讲宣扬活动80余场次。充分利村院围栏、文化广场、公共宣传栏等阵地，多种媒介开展社会主义核心价值观、中华优秀传统文化宣扬教导，加深群众理解认同营造全民参加乡风文明建设的深厚氛围。

六、推动产业升级，让百姓"富"起来

一是充分利用平台优势。村党支部引导合作社累计流转土地近 1.9 万亩用于种植水稻、旱作水稻、甜菜。同时，依托国家现代农业产业园积极开展新型职业农民培训，结合"掌上产业园"专属 APP，实现在线培训、农情预警、种植指导供需发布等多种功能，为农民生产提供"新农具"，培养了一批具有新型技能的职业农民。二是大力发展旅游业。在镇党委政府的引领下，古庙村"两委"班子带领广大党员群众，发展农事体验，丰富农耕文化，实现了"农文旅商"多业态融合。通过招商引进蒙佳集团，建成集餐饮、会所、商业街、游乐园等设施于一体的佳稻里民宿度假村，并配套建设 14 栋温室大棚、采摘园，打造"农业+文旅"基地。2022 年建成建成集味稻小街、米宝乐园、萌宠乐园、"1919 时光列车"等五个项目于一体的中国稻谷景区，并成功获批国家 3A 级景区。近年来，古庙村累计接待游客达 20 余万人次，带动各族群众创业就业 300 余人，旅游收入突破 400 万元。

案例二 新建村：党群携手齐发力，文明乡风入人心

新建村位于安徽省宣城市旌德县孙村镇东南部，紧邻 205 国道，面积 9.6 平方千米，下辖 14 个村民小组，共 363 户 1 234 人。

一、坚持"党建+"，聚强文明乡风建设力量

积极运用"党建+"工作模式，抓细抓实文明乡风建设。一是强队伍。召开村"两委"会议，统一思想，细化分工，构建"两委"班子负总责、支部书记担主责、成员各负其责的工作体

系。坚持党员带头，依托党员先锋队、新时代文明实践队等开展文明乡风建设；广泛动员外出乡贤、本地文化人才、离退休人员等社会力量加入文明乡风建设当中，聚强工作力量，形成工作氛围。二是筑根基。坚持发挥基层党组织战斗堡垒作用，以法治建设为抓手，引导形成全民懂法、自觉守法、遇事找法的良好法治意识；持续培育和践行社会主义核心价值观，组织各类道德活动，有效激发德治活力助推乡风文明。

二、实施"网格化"，拓宽文明乡风建设路径

一是科学设置。以村民组为单位，建立14个基层网格，以村民组长、党员代表和能人大户等为重点设置网格员。将江淮义警、律师、医生等党员骨干引进村网格内，壮大网格员队伍，优化网格员结构。二是职能整合。在综治信访、乡村振兴、防汛抗旱等原有网格功能基础上，进一步加强职能整合，确保网格员职责明晰，与职责能力相匹配，做到要素聚在网格内，联结基层治理"神经元"。村民议事会、道德评议会、红白理事会等实现网格员100%参与，力求矛盾排查化解"小事不出村、大事不出镇、矛盾不上交"。三是鞭策激励。探索实行网格员奖励激励机制，以日常考核+年底考核相结合方式，从日常工作、信息报送、问题解决、工作纪律等方面综合衡量工作实绩，对表现优异的网格员进行奖励。

三、推行"积分制"，创新文明乡风建设举措

积极探索推行积分制管理，将"积分"转化成群众的自治力和创造力，转化成"弘扬新风正气、培育文明乡风"新举措。一是明晰范围。把群众践行社会主义核心价值观、参与文明实践活动等纳入积分范围，对诚实守信、孝老爱亲、家庭和睦等行为

给予积分奖励;对不遵守村规民约、红白事大操大办等行为扣减相应积分。二是规范评定。通过网格员走访,对文明行为、好人好事等进行记录、赋分。由村民代表、网格员等组成积分评定小组,每季度召开1次小组会议进行审核认定,经公示无异议后记入积分账户;对积分有异议的,由评定小组对反映问题进行二次核查处理。三是强化运用。将积分作为"红黄榜"评比、党员评先评优、"最美庭院""生态美之星""生态卫士""清洁文明户"评选的重要依据。家庭账户积分可在"生态美超市"兑换日常生活用品,积分兑换标准根据村情确定。积分制推广至今,有效遏制了大操大办等不良风气,激发了村民自我管理热情和"主人翁"意识。

四、聚焦"多元化",激发乡风文明建设活力

一是积极利用"新风堂""建德轩""农民夜校"等阵地开展移风易俗、时代新风宣传行动,2022年开展宣传活动20多场次。二是成立旗袍队、广场舞队等,不断丰富村民精神生活,组织参加县、镇各类文艺汇演活动10余次,获得多项荣誉。三是定期开展"好媳妇""好婆婆""好村民""好乡贤"等先进表彰活动,累计评选各类先进村民40多人。四是组织村民成立志愿服务队、妇女执委志愿服务队等,截至2022年全村在册志愿者168名,定期开展美丽乡村建设、人居环境整治等义务劳动,在核酸检测、疫苗接种过程中协助工作人员维护现场秩序,并在端午、中秋等传统节日开展送温暖活动,为村内留守老人包粽子、做月饼。

案例三 后八里沟村：孟子故里扬起文明新风

后八里沟村位于山东省济宁市邹城市钢山街道，面积 2 平方千米，村民 1 760 人，现有常住人口 3 万余人。

一、"文化引领"浸润人心，提升村民文明素养

一是大力加强文化阵地建设。建设社会主义核心价值观主题公园，悬挂"两学一做"、社会主义核心价值观系列展板；建设党史村史教育展览馆，全年对外开放，提供免费解说服务，成为普及农耕文化、开展精神文明教育的新阵地。建设以"孝、悌、敬、诚、善、恭、礼、谦、宽"为主题的孝贤广场，以孝贤文化典故和村庄孝贤模范为主线的孝贤文化一条街，在小区重要出口处设立文化德育一条街，涵盖二十四孝、先模人物、法律常识、十二生肖石像等，让村民耳濡目染，提高自身素质。二是强化文明示范引导。作为村民都姓宋的一姓村，家家悬挂村委会统一制作的《宋氏祖训》牌匾（图 8-1），户户晒家风家训。在居民楼设置孝善文化牌和《丑善评议榜》，在村中心广场设置红色光荣榜和白色曝光台，好事表扬、丑事亮相，引导村民崇德向善、见贤思齐；谱写《孝德歌》，老少人人传唱，让孝善文化入耳入心。为搬家上楼的村民安装"小喇叭"，让党的好政策"飞入寻常百姓家"。开办村报《鑫琦之声》，"好事大幅展，通报期期刊"，通过稿酬补贴方式鼓励村民积极投稿，讲好身边故事。

二、"孝善治村"凝聚人心，提升乡村发展水平

一是立好规矩。村"两委"依据村情民意制定后八里沟村《村规民约》，对老人的供养标准、福利待遇、探望次数等方面

图 8-1 《宋氏祖训》牌匾

制定具体规范,着重提出每位儿女必须尽到赡养义务。除本村村民外,后八里沟村还为集体企业员工增设"父母工资",每月将1 200元直接汇款至父母账户,将赡养义务由"定性"变为"定量"。二是树好榜样。从2005年开始连续开展"十大孝星"、好媳妇、好婆婆、"孝善家庭"等评选活动,大力倡导家庭和睦之风。每年对热爱集体、尊老敬老、创业致富等先进模范人物予以表彰,广泛宣传,用身边事、身边人教育引导村民。三是自我服务。党员、村民代表带班,全村20~65周岁的男性村民分组参加夜间志愿站岗巡逻;根据村民提议,打造"我爱我家"自洁自律志愿服务品牌,村民志愿认领单元楼共享区域的绿化、保洁、车辆摆放等任务,邻里之间关系更加密切,小区公共区域成为文明素养提升的新载体,乡风传承的主阵地。

三、"全民教育"优化学风,提高村民文化水平

一是创造良好学习条件。逐步提升"书香阵地"档次,高标准建设3 000平方米的村级大型图书室,收藏各类书籍10万

余册。村集体出资为每家村民配送书橱,定期发放购书卡,鼓励群众多读书、读好书。二是保障公平学习机会。开办"村民夜校",聘请专家学者、优秀离退休教师为村民授课,提升村民整体文化水平。创新实施"人人上夜校,个个是老师"教学模式,鼓励党员干部、村民走上讲台,介绍心得体会,分享人生经验,在全村形成"人人爱学习、人人有学上"的浓厚氛围。2006年至2019年每年分批组织村民外出学习,每个家庭成员轮流参加。寒暑假期间,组织村里中小学生赴大城市开阔眼界、学习新知,开展实地教育。为新考入大学的学生发放奖学金,标准1万~2万元不等。

四、"传承美德"践行初心,积极承担社会责任

一是践行敬老爱老,厚植村风民风。福利分配向老人倾斜,每月1日将营养品和生活用品发给60岁以上老人,备齐老人日常所需的米面油、肉蛋奶等,并为老人添置新衣。每月举办"百寿宴",让老人们欢聚一堂。二是弘扬奉献精神,勇担社会责任。成立党员干部、退役军人等组成的志愿服务组织9个,吸纳志愿者600余名,每年开展志愿服务120余次,平均每人每年志愿服务450小时。

案例四 王家沟村:文明新风扑面来 春风化雨润人心

王家沟村位于山西省吕梁市石楼县东北部,地处石楼、中阳、交口三县交界,由原王家沟村与原交口岔村合并而成,全村人口804户、2 343人,党员68人。

一、"一支队伍"带动群众共建

王家沟村坚持"党支部+文明乡风建设"模式,充分发挥新时代文明实践站主阵地作用,支部书记以身作则、党员干部走在前列,当好示范、做好表率。把文明乡风建设作为"三会一课"重要内容,纳入"党建+网格"管理事项,实现基层党建服务网全覆盖,让党员干部真正把心思用到推进移风易俗建设文明乡风上、把功夫下到满足群众对美好生活的向往上。推动全村党员主动投身志愿服务,在敬老活动、环境整治、抢险救灾中冲在一线、干在一线,打通服务群众"最后一公里",带动村民主动参与文明乡风建设。

二、"一纸村规"破除陈规陋习

以村规民约为主线,充分发挥"一约四会"作用,强化对婚丧宴请的全过程监督和管理。多次召开村干部会、党员会、群众代表会研究推进移风易俗事宜(图8-2),完善村规民约,组建红白理事会,出台婚丧喜庆报备制度,坚决反对相互攀比、大操大办、铺张浪费等陈规陋习,弘扬文明新风。通过村委会"大喇叭"、村民"微信群"、工作群、宣传栏等开展宣传教育。发

图8-2 移风易俗文化墙

布《推动移风易俗 树立文明乡风》倡议书,引导村民身体力行移风易俗、勤俭节约、文明办事。积极组织"移风易俗承诺签名"等活动,持续挖掘、树立移风易俗正面典型,以点带面,着力营造良好社会氛围。

三、"一张榜单"激发群众热情

广泛开展"星级文明户"评选活动,以"孝、俭、勤、义、信"等传统美德为主题,弘扬爱国爱家的家国情怀、相亲相爱的家庭关系、向上向善的家庭美德,每年召开村民大会在全村推选文明户,对获选户进行张榜公示,坚持"精神鼓励"和"物质奖励"相结合,让群众既有荣誉、又得实惠,激发群众积极性,提升幸福感,在全村形成了争当"文明户"、争做好村民的浓厚氛围。实行"爱心积分制",定期统计村民参与志愿劳动、志愿服务的工时,以工时兑换积分、以积分兑换"爱心超市"物品,推动广大村民主动投身到基层治理、村庄建设中去,让正能量充盈全村各个角落。

四、"一批活动"丰富群众生活

开展各类文化活动,打造村级新时代文明实践站,筑牢基层宣传思想文化阵地。完善村级图书室,为村民提供各类农业农技知识学习平台。组建村秧歌队,在春节、端午节、中秋节开展表演,组织村民共同过年过节,不断丰富群众文化生活,实现了干群连心、暖心、聚心。

五、"一个行动"扮靓群众家园

大力开展旧村改造行动,在尽力保留"石头村"特点的基础上,投资180余万元对旧村街道增设排水沟、修筑石挡墙、铺设石头路，同时新建占地3 400平米的小公园，为村民提供了活动场所。修建文化墙2 000平方米，铺设特色砖石路200米，整治河道600米，修建蓄水湖2处，新建中心广场1个、凉亭1座、村民休闲游园2个，种草植树5 000余平方米，村庄面貌焕然一新。修建120平米村史馆一座，进一步激发了党员群众的自豪感、责任感和使命感，增强了凝聚力、向心力和战斗力。

案例五　武功镇聂村：实施八项举措　推进移风易俗

武功镇聂村位于陕西省咸阳市武功县西北部，全村现有村民461户、1 687人。聂村开展"八个一"活动，扎实推进移风易俗。

一、建好"一个堡垒"

坚持以基层党建为抓手，从党员干部抓起，制定聂村党员干部"治陋习、树新风"相关规定，立规明纪，强化约束，发挥党员先锋模范带动作用，以党风带政风促民风。严格按照"五选十不选"标准，优化"两委"成员结构，优先将"孝子""贤媳""文明户"吸纳为入党积极分子和班子成员，为推进乡风文明配强村支部干部队伍。积极推进乡风转变，按照"干有目标、奖有依据、罚有尺度"原则，将家宴管理、爱心书屋、道德讲堂、利民实事、环境治理等10项职责目标逐项量化、定人定责，实行动态管理。

二、管好"一场筵席"

聂村在村"两委"支持下成立了红白理事会，由村党支部书记负责，"两委"班子成员和个别优秀党员全部纳入村"红白理事会"，管理村内婚丧等事宜。红白理事会制定了"坚持喜事新办、丧事简办,反对大操大办、铺张浪费"的基本原则,村民举办宴席必须向红白理事会申报,填写操办情况登记表,包括家庭基本情况,操办事宜,烟、酒、宴请标准等,由村红白理事会研究通过后方可实施,发挥了服务群众、方便群众的作用,减少了非必要支出。

三、定好"一套村规"

规范婚礼流程,喜主在婚礼前通知红白理事会具体时间,理事会安排人员跟进服务,统一婚礼工作、规模、范围、宴请等标准。婚礼由理事会会长免费主持,以传统文化、尊老爱幼、感恩教育等为主题。制定丧礼操办统一标准,严格执行"一三四"规定。即一个组织,治丧委员会,具体由红白理事会负责;"三严禁",严禁唱戏、严禁歌舞、严禁管乐;"四不超",香烟每盒不超过10元、酒每瓶不超过50元、宴席每桌不超过200元,送行抬丧人员不超过8名,减轻了主家负担。

四、摆好"一屋书报"

建成24平米爱心书屋,购买图书1.3万本、报刊20多期,满足广大村民的精神文化需求。指定村"两委"2人管理爱心书屋,"日日开放借阅"和"定期办读书会"相结合,引导群众开卷阅读,支持群众从书海墨香中汲取知识、提升文化素养。

五、选好"一批典型"

表彰"好媳妇、好公婆、好孝子、文明户及优秀党员"等,用榜样的力量带动村民践行文明乡风,起到评选一个人、影响一大片、教育全村人的实效,促进形成人人讲孝顺、家家讲诚信、户户比光荣的良好村风。

六、上好"一堂课程"

坚持用好道德讲堂,开创道德"大讲堂+小课堂"模式,每年至少开讲三次,实现道德教育全覆盖。组织乡贤、党员和口碑好的村民,讲解传统文化、孝道、家风家教。注重挖掘本土先进典型,坚持用身边事教育身边人,宣传好媳妇、好公婆、好孝子、文明户等事迹,对不敬养老人的个别村民进行批评教育,淳化村风民风。

七、栽好"一丛花木"

扎实开展农村人居环境整治,建设6处集中垃圾收集点,组织群众自发在家门口放置垃圾桶,方便环卫人员收集处理。坚持做到"整""防""美"三结合,集中开展卫生死角、主干街道环境整治工作,制定保洁长效机制,严格按照村规民约对乱扔垃圾等行为进行批评教育,栽种树木、花草,做到整治一处死角,教育一众村民,美化一处环境。

八、用好"一方舞台"

建设村委会广场文化舞台,提供广播、运动器材等。组建腰鼓、太极拳、广场舞等文明实践队伍,让群众成为文化节目的主角。创新开展"点单"式活动,让群众自发表演节目,争取文化下乡,利用"三霄"祭拜文化,举行丰富多彩的文化活动。

案例六 云头下村:破除陈规陋习 争创文明乡村

云头下村位于广东省湛江市麻章区麻章镇,是一个革命老区村庄,全村共98户,户籍人口520人。

一、推进婚丧嫁娶简办，弘扬社会主义新风尚

一是充分调查研究。组织党员干部入户走访，深入了解群众所思所想，在充分调研基础上，通过"四议两公开"，对本村婚丧嫁娶及各项喜庆事宜提出具体意见。结合村庄实际，依据相关法律法规，制定出台村规民约，明确村民办理红白事的标准、流程及奖惩规定。二是敢于真抓真管。充分发挥党员先锋模范作用，村"两委"干部带头厉行勤俭节约、反对铺张浪费，自觉遵守操办婚丧事宜"双报告"制度，做到事前报告、事中监督、事后备案；对大操大办、铺张浪费等行为进行集中整治，引导村民从我做起，移走"歪风"、革除"陋习"。三是用活各方资源。探索"基层组织+乡贤+企业"模式，带动村民共同富裕。坚持全村农户个体利益与村集体利益紧密结合，将分散的土地集约起来，走集体土地出租之路，村民既可以获得租金分红，又可以在周边企业就近务工，实现了村集体、村民、企业三赢的局面，为文明乡风建设奠定经济基础。

二、多种方式宣传发动，营造移风易俗良好氛围

一是真抓"培育"。通过召开党员大会、村民代表会、张贴村规民约、村喇叭广播、红白事现场宣传等多种形式，大力宣传有关婚丧改革的法律法规。村"两委"干部以身作则、带头示范，树立文明祭祀观念，以实际行动带动和影响身边的群众，确保婚丧新规人人皆知，充分获得全村群众的理解和支持。组织开展"推进移风易俗 培育乡风文明"活动，村"两委"干部积极向身边亲友宣传文明祭扫知识，监督和制止实地聚集祭扫、露天焚烧祭扫等行为。二是狠抓"台账"。对本村结婚、丧事、起房等操办事宜，各管片村干部亲自参与把关，及时进行现场察

看。实行"周报制",村干部每周上报村内婚丧嫁娶情况,统一登记存档,对违反规定的行为及时纠正,确保移风易俗落到实处。三是巧抓"联动"。在村庄出入口、全村巷道及重点地段安装摄像头,实现监督管理全覆盖;建立"乡村群防群治大喇叭"系统联通平台,实现信息发布互联互通。发现问题线索,网格员"一键喊话",应急力量"一键集合",网格内各方资源"一键聚集",有效解决了乡风治理中存在的"通知难、集结难、互助难、发动群众难"等诸多问题。

三、积极提升"软硬"实力,形成文明道德新风尚

一是加强农村文化阵地建设。以党群服务中心为依托,以农户为对象,按照有机构、有场所、有队伍、有制度、有成效"五有标准"建设新时代文明实践站。做好农村文化阵地规划,逐步健全文化设施,让丰富多彩的新文化深入农村千家万户,突出文明实践在开展文明乡风、基层治理、乡村振兴、禁毒禁赌工作中的重要作用。二是提升设施管护能力。建设村民休闲活动场所、宣传文化长廊、党建文化墙等文化设施。以村庄清洁行动为切入点,开展"四清四扫"和治理"小污脏乱"工作,先后完成道路硬化亮化、污水集中处理、健身公园和标准化公厕建设等基础工程,提升村庄硬件水平。三是开展多彩文明新风活动。整合村委、村文化站、村妇联、禁毒社工、团委社工等力量,加大服务本村困难群体、留儿童守、留守老人、妇女力度。组织开展"好媳妇""好婆婆""文明家庭""星级文明户"等评选活动,表扬身边好人好事,鼓励村民积极向道德模范学习。

四、发挥"三治融合"作用,筑牢乡村文明根基

一是强化统筹联动。将全村划分3个网格,广泛发动党员、

老干部、乡贤等多方力量加入到网格中，将乡村振兴、民房管控、疫情防控、禁毒整治和扫黑除恶等重点工作"一网打尽"，形成人在格中走，事在格中办，情在格中系，和谐不出格的良好局面。二是深化群防群治。发挥老年协会、村民议事会、道德评议会、禁毒禁赌会、红白理事会、孝善理事会等群众组织作用，让群众自己的事自己办，大家的事商量着办，不断提高群众参与村庄治理的积极性和满意度。三是优化治理方式。创新调解工作方式方法，因地制宜将村级公共法律服务工作室、芳伯调解工作室融入基层治理工作。根据村民习惯，在村委会办公楼前建成露天"干群聊天吧""榕树头调解吧"（图8-3），为党群、干群之间的沟通交流搭建亲民平台，广泛听民声、察民情、聚民智、解民忧，有力推动基层治理工作落细落实，做到"小事不出村、矛盾不上交"。

图 8-3　榕树头调解吧

案例七 雅溪村：做好"四色"文章 推动文明乡风建设

雅溪村位于江西省赣州市全南县龙源坝镇东南侧，面积20平方千米，耕地1 654亩，林地15 486亩，有13个村小组，人口429户、1 616人。

一、做好"红色党建"文章，凝聚文明乡风合力

一是强化组织筑堡垒。以"党建+乡风文明"为引领，建立"一组四网格"文明乡风建设组织体系。成立村支部书记为组长、村"两委"委员为成员的村级文明乡风行动领导小组。将全村分为4个网格，并和4个党小组深度融合，由党小组组长牵头，实行"网格吹哨、干群报到"机制，引导党员干部入网格、进村组积极开展文明乡风行动。二是党员带头作示范。以党员分类管理、党性体检为抓手，推动党员在文明乡风建设中带头示范，全体党员带头签订移风易俗承诺书，妇女小组组长组成的"红娘"队伍，深入未婚青年中宣传低价彩礼"新婚尚"。三是前移阵地浓氛围。充分利用雅溪古村各类景点，打造土围、石围、陈氏宗祠等新时代文明实践点、乡贤评理堂和文明乡风大舞台，推动形成散落在群众身边的"一站多点"的文明实践阵地。

二、做好"金色榜样"文章，激发文明乡风活力

一是村规民约定标准。发动群众结合社会主义核心价值观，参与修订《雅溪家训》和《村规民约》，作为村民为人处世的"金科玉律"；组织成立红白理事会，对婚丧喜事的桌数、餐费、礼金等作出明确规定，引导全体村民遵照执行，营造了"家家有

家训、人人懂村规"的良好局面。二是典型示范树标杆。在陈氏祠堂建立乡贤名录、学子金榜,常态化开展"好孩子、好媳妇、好家风、好家庭"评选活动,并颁发家庭"金色四件套"(一副门牌、一副家训、一张全家福、一本荣誉证书),让村民学习有标杆,让模范有荣誉,带动更多群众养成良好家风。三是家风银行强激励。创新开设"家风银行",发放家风存折,从行孝、积善、讲信、从俭、尚勤等方面细化条款和积分,以村民提供线索、"家风银行"核定的方式获取相应积分,到"家风银行"兑换奖品。2022年有40多户领取了奖品,极大调动村民参与文明乡风建设的积极性、主动性。

三、做好"古色文化"文章,增强文明乡风定力

一是农耕文化入人心。通过场景复原、多媒体展示在石围闲置房屋打造二十四节气馆,生动展现二十四节气特征;新建农耕文化展示厅(图8-4),通过陈列展示当地农村旧时的生产生活老物件,勾勒出客家农耕文化的发展轨迹,做到寓教于乐。二是客家文化聚人心。深入挖掘客家文化资源,打造客家民俗馆,成功申报国家级非遗赣南客家擂茶制作技艺、省级非遗香火龙等省级以上非遗项目6个。创新非遗项目保护路径,打造擂茶馆,开发舞黄龙、香火龙等表演,在保护传承的同时,又带动村民增收致富,进一步凝聚了村民团结奋进的力量。三是书院文化沁人心。重建雅溪书院,书院藏有近万册线装国学书籍,设有"琴棋书画茶"功能室。依托丰富研学资源,举办中小学生"拜师礼""开笔礼"、中国诗歌名家·千年雅溪诗会、大湾区艺术名家采风行、企业团建等活动。

图 8-4 农耕文化展示厅

四、做好"绿色发展"文章,展现文明乡风魅力

一是环境提升美乡村。按照"不拆房、不填塘、不砍树"的原则,对雅溪古村的古建筑群进行"因形就势、修旧如旧"的保护性修缮,使古村保持了原貌。结合旅游发展,实施水系改造、景观打造、旅游配套设施建设等项目,建成游客集散中心、大型停车场、稻田酒店、星级公厕等设施。二是有机产业富乡村。打造 500 亩有机蔬菜基地,推动农旅融合。19 个蔬菜品种获得有机蔬菜产品认证,主销粤港澳大湾区,雅溪蔬菜基地成为粤港澳大湾区"菜篮子",辐射带动 200 多户农户参与发展、稳定增收。

案例八 小山村:厚植乡风文明 铸魂乡村振兴

雁鸣湖镇小山村地处吉林省敦化市雁鸣湖镇东北方向,北与黑龙江省宁安市镜泊乡接壤，幅员面积101平方千米，下辖三个自然组，全村321户，1 064口人。

一、党建引领，构建乡风文明组织保障

充分发挥基层党组织战斗堡垒作用，把加强基层党建作为培育乡风文明的重要根基。深入开展创建"五好党组织"，依托党群服务中心、农家书屋、新时代文明实践站等场所深入开展宣传教育。组建党员"宣讲小分队"，逐门逐户宣讲党的新思想新理论，有效激发村干部想干事、能干事、干实事的热情。率先提出并开展"村级事务党员代办"活动，建立村级党员事务服务站，实施村民事务代办制等14项党务创新举措。严格落实"四议两公开"工作制度，以公开透明促公平公正，保障群众的知情权、监督权、参与权。"有事找书记、发展靠支部""听党话、跟党走"成为村民们的新共识，入党成为年轻村民的新目标。

二、治理有效，搭建乡风文明服务平台

积极推进移风易俗，涵养文明乡风。创新开展"三道模范"评比活动，即善道、孝道、富道，营造追、比、赶、帮、超的浓厚正能量氛围。以家庭为基本单元，常态开展寻找"最美家庭""好婆婆、好媳妇""十星文明户""五好文明家庭"等选树活动，讲好优秀家风故事，传承优秀家训精神。党员干部带头"不办无事酒席，俭办红白喜事"，成立"一约四会"，制定村规民约，统一规定办事标准。制定"三个制度、一个承诺、一个包保责任状"，实行村民"一户一档"精细化管理，将全村农民以户为单位制定档案，将村民做的好事和劣迹行为记录其中，作为评先选优的重要依据。用蕴含优秀民俗、体现时代风尚的新文化取代旧风俗，焕发乡村文明新气象。

三、志愿服务，丰富文明乡风建设内涵

全面抓好志愿服务组织的外引内培，成立党员志愿服务队、巾帼志愿者服务队和宣讲志愿服务队（图8-5）。以村党支部为先锋，采取对外宣传和对内报道相结合的方式，通过宣传栏、横幅、微信公众号和电子屏等及时发布志愿者活动相关信息。持续开展党员卫生大扫除、义务巡逻、消防知识宣传、法治宣传等一系列志愿者服务活动。抓好志愿服务制度建设，推动党员志愿者亮身份、亮形象、亮项目、亮成效。推出志愿者奖励激励计划，对志愿者的活动开展情况和成效进行量化，并给予一定的物质奖励，努力形成有困难找志愿者、挤时间当志愿者的志愿服务氛围。

图8-5 宣讲志愿服务队

四、文创带动，筑牢乡风文明精神根基

积极践行"两山"理论，努力探索本村生态文明和乡村旅

游的协同发展道路，杜绝盲目追求"高""大""上""洋"。深入挖掘本土知青文化、渔猎文化和雁鸣湖文化等，做到讲好一个故事，带动一方百姓。规划建设知青大院民宿、村文化礼堂、张笑天书屋、五同培训基地等设施，同时注重保护和传承民间文化遗产，将特色文化全方位灌输到"吃、住、行、游、购、娱"旅游六要素，致力于让游客吃的有地方风味，住的有特色民俗，玩的有故事可讲，参与的项目体验独特，购买的商品安全放心，真正实现以文促旅、以旅彰文，文旅融合发展。

五、多措并举，打造文明乡风宜居环境

推进乡村振兴，里子好，面子也要靓。小山村党支部高标准、全方位改善村内人居环境，全面擦亮湿地村居名片。一是抓规划。村支部采取综合规划、分步实施的办法对全村进行统一科学规划，严格按照规划进行分步实施。二是抓绿化。对村内主要街道和空闲地进行绿化，推行门前五包责任制，实施"美丽庭院、干净人家"评比，建立完善长效机制。三是抓硬化。大力实施"户户通"工程，硬化村内道路，打通群众"门前最后一米"。四是抓净化。积极争取上级项目资金，为全村铺设地下管网，安装地下污水处理设施，将村民排出的污水、粪便进行无害化处理，达标后进行排放。

小山村党支部牢固树立"党建+"的理念，坚持"一个党支部一座堡垒、一名党员一面旗帜"，充分发挥村党支部在发展产业、凝聚人心、助民致富上的领航作用，让农民过上环境美、产业美、精神美、生态美的幸福生活，扎实推进文明乡风建设工作再上新台阶。

案例九 合发村:"红灰黑榜"指方向 文化活动进农家

合发村位于内蒙古自治区兴安盟突泉县东南部,村域面积41平方千米,全村共426户、1 294人,其中少数民族157人,村支部现有党员42名。

一、移风易俗在行动,树立文明乡风

(一)加强组织领导,切实抓紧抓好

将文明乡风建设内容纳入理论学习,让党员干部深刻理解文明乡风建设的内涵和要求。明确村干部在文明乡风建设中的工作职责,建立相关的考核、督查制度,全面推进文明乡风建设工作。定期召开文明乡风建设工作专题会议,找出差距和问题,改进措施,进一步推动文明乡风建设落到实处。充分发挥党员模范带头作用,开展"党员榜样在身边"等活动,在"移风易俗、反对大操大办"整治中要求党员干部不得违规操办或参加婚丧喜庆事宜。

(二)推动"红灰黑榜"评议活动全面开展,提高乡村文明程度

推动新时代公民道德建设内蒙古"十大行动"落地生根,以"红灰黑榜"评议活动为抓手,以全面提升新时代农牧民素质为目标,调动农民群众内生动力。成立由村"两委"班子成员、村民议事会、道德评议会、禁赌禁毒会、红白理事会等组织代表和村民代表组成的"红灰黑榜"评议工作小组,通过逐户评榜、道德评议、审议公示、张榜公布四个环节对本村常住居民进行评议,表彰奖励新时代优秀农牧民,激励和带动后进农牧

民，营造比学赶帮超的浓厚氛围，进一步激发农牧民自我教育、自我提高、自我管理、自我服务的积极性主动性。线上通过"靓丽水泉"微信公众号、党群心连心微信群，线下通过入户走访、宣传栏等宣传"红灰黑榜"评议活动的目的意义、程序、奖惩措施等，提高群众知晓率、参评率。围绕家庭美德和个人品德，开展"身边好人""文明家庭""好邻里""好婆婆、好媳妇"等先进典型评选活动。在奖"红榜"、促"灰榜"、惩"黑榜"的同时，以党史学习教育"六项实事、六到村户"工作为抓手，为群众送上一场场"党史+文化+艺术"的精神文化大餐，组织志愿者入村入户宣传文明新风。利用新时代文明实践站（所）电子屏滚动播放移风易俗宣传标语，在村落围墙上绘制移风易俗公益广告，积极宣传村规民约，让文明新风吹到老百姓心坎上。

二、以文化为魂，让乡村更显"气质"

（一）加强思想文化阵地建设

加大文化建设投入，提档升级"草原书屋"。建设文化广场，为群众文化活动提供各项器材，以传帮带方式开展广场舞、健身操等文体活动，丰富群众茶余饭后的文化休闲生活。加强传统文化保护，深入发掘文化资源，依托特色采摘园、特色草编等旅游资源，大力发展文化旅游产业，挖掘乡土文化文旅发展的潜力。

（二）积极开展"道德讲堂"系列活动

每季度通过"讲故事""话家常""作点评""恳谈会""宣讲会"等多种形式，对群众推荐出的好人好事进行宣讲和弘扬。通过评比引导村民破除陈规陋习，培育科学、健康、文明的生活方式。

(三) 广泛开展各类文艺活动

传承水泉镇全国文明村镇、戏曲之乡文化底蕴，充分挖掘人文历史文化资源，组建业余乌兰牧骑队伍，相继成立"最炫合发""走进新时代"文艺队，兴建"柳月弯"大舞台，成立小剧团，常态开展"丰收节""戏曲节"等活动（图8-6），参加县、镇举办的各类汇演，推进二人转、拉场戏、黄梅戏、快板等特色传统文化发展。举办"文化乐万家　惠民下基层"活动，以"我们的节日"为主题，在重要传统节日组织开展广场舞、大秧歌汇演、群众性歌唱比赛、写春联、电影下乡等节日民俗和文化娱乐活动，不断丰富各族群众精神文化生活。

图8-6　戏曲活动

案例十　善港村：扬善风从善举　汇聚乡村振兴正能量

善港村位于江苏省张家港市杨舍镇西北部，面积9.07平方千米，辖36个自然村、59个村民小组，现有户籍村民

8 200多人。

一、思想定向、文明引航，和美家园共建共享

一是"红色行动"聚力量。始终坚持党建引领文明乡风建设，探索实施"1+11+N"工作法。"1"即连续6年实施以"善文化红色行动"为主题的党建项目，积极探索"党建+乡风文明"特色治理模式。"11"即坚持"支部建在连上"的优良传统，11个村支部设在田间地头。"N"即组建若干个功能型"善先锋"支部，组织党员常态化开展"我为群众办实事"实践活动，关心关爱困难党员群众。二是"五岗五网"促和谐。创新乡风志愿岗工作法，先后在8个党员中心户和26个"五老"家庭户设立"五岗"，推动文明乡风进家入户。设立"宣教岗"，建立全民学习网；设立"服务岗"，建立便民利民网；设立"爱心岗"，建立爱幼助老网；设立"文体岗"，建立文化休闲网；设立"志愿岗"，建立亲情家园网。每名村干部"联系一岗"，每名党员至少"入驻一网"，常态化开展"守护平安善港"等服务活动。三是"乡风阅读"学善行。深化"书香善港"建设，连续多年持续开展"农民阅读引领文明建设"系列活动。读"书本之善"，依托善港村"麦田花舍"村民书屋，定期开展"品味阅读、慧享生活"等主题活动，组织"生活里的声音"线上阅读，向群众推荐好书、组织阅读分享，更新生活理念和方式，推进移风易俗。读"身边之善"，积极挖掘、宣传身边好人好事，定期开展"身边好人我来评""德行善举我来颂"活动，每季度评选一次村级身边好人并张榜公布，以身边的凡人善举教育引导更多的善行义举。

二、善以养德、知行合一，移风易俗千家行动

一是"双十规约"立，规矩成方圆。制定村规民约，明确提出坚持和睦乡亲等"十个坚持"和反对封建迷信等"十个反对"。成立善福康医疗互助会，依托"刚性规则"代替"人情面子"，资金池"集体出一点、村民出一点"，慰问标准"对号入座"，共发放补助 389 万元，惠及村民 4 827 人。二是"固定议事"强，自治增活力。成立村民议事会，选举产生"德威并重、群众信赖"的议事会成员，分为社会民生组、村务监督组、生态文明组等 3 个类别开展议事工作。打造村民议事中心"船坞里议事堂"，提供调解、保健等服务。常态化举办"善园夜话"，采用"党员代表民情通报""书记接待日"等形式，"有事谈想法，无事话家常"架起党群桥梁。三是"积善十评"亮，评比展风采。创新"善港善治十评比"，涵盖"善美天使""美丽房东""美丽庭院"等 10 个评选项目。设置违法乱纪等 11 个"一票否决"项目，细化 45 条评比内容。采用"自主申报、加减积分、年度总评"的方式，由村民年初自主申报创评，村干部、村民小组长和乡邻组成考评小组年度跟踪测评积分，提升群众荣誉感，形成"争先进、比文明、找差距"的浓厚氛围。善港村挂牌的五星文明家庭占比超过 99%，一批家庭挂牌"洁美家园示范户"。

三、以文兴村、善传万里，德风善举内外兼济

一是"刚柔并进"丰富底蕴。"硬支撑"方面，重点打造百善文化广场、法治广场等阵地。建造社会主义核心价值观、文明乡风、农耕诗谚等主题文化景观，引导村民向上向善。"软环境"方面，成立舞蹈队、健身队、文艺创作队等特色文体队伍。

编纂《江苏名村志·善港村志》，编写《善港村村民学校系列读本》，创编扬善立德三字经、移风易俗三字经和"九循家礼"，开办道德书场（图8-7），讲述家风民风好故事。自编自演评弹《善港好婆婆》、快板《村民自治谱新章》、歌曲《远航的善港》等文艺节目。二是"至善至美"志愿奉献。成立"至善至美"志愿服务队，有各类志愿者539名。连续10年开展"爱满善港、情暖万家"志愿服务，在重要节日为老年人送上善港自产的瓜果大米。常态化开展疫情防控、"关爱老兵"等志愿服务项目18个。三是"善登高峰"共赴振兴。弘扬"善文化"，与全国五省六村结对开展"整村帮扶"，援建文化礼堂、党群服务中心，组建"金钱杆"舞蹈队、举办"暑期兴趣班"。为帮扶村筹集启动资金10万元，成立"善扶康"医疗互助会，减轻村民医疗负担。通过共同努力，帮扶村喝酒打牌的"懒汉"少了，务农务工的"勤快人"多了，顺利"脱贫摘帽"。

图8-7　善港道德书场

参考文献

王海燕，2020. 新时代中国乡村振兴问题研究［M］. 北京：社会科学文献出版社.

王宜伦，2018. 乡村振兴战略：生态宜居篇［M］. 北京：中国农业出版社.

习近平，2014. 习近平谈治国理政［M］. 北京：外文出版社.

曾业松，2006. 建设社会主义新农村学习问答［M］. 北京：中央党校出版社

张勇，2018. 乡村振兴战略规划：2018—2022年辅导读本［M］. 北京：中国计划出版社.

中央文献研究室，2017. 习近平关于社会主义文化建设论述摘编［M］. 北京：中央文献出版社.

朱启臻，2007. 新农村：乡风文明［M］. 北京：中国农业大学出版社.